İlahi Rehberlik: Kuran ve Hadis Hikmetinin Kilidini Açmak
Divine Guidance: Unlocking the Wisdom of Quran and Hadith

İbrahim İsa

Rahman ve Rahim olan Allah'ın adıyla.

In the name of Allah, the Most Merciful, the Most Compassionate.

Bu kitap tamamen Allah'ın sevgisi, merhameti ve rızası için yazılmıştır; Allah'tan, anne-babamın, kız kardeşlerimin, ailemin ve vefat eden müminlerin günahlarının bağışlanmasını ve onları Yüce Cennet Bahçesi'ne sokmasını içtenlikle niyaz ediyorum.

(İsra **17:24**)

"Efendim! Küçükken beni yetiştirdikleri gibi sen de onlara merhamet et."

(Raad Suresi **13:23-24**)

Anne-babalarından, eşlerinden ve torunlarından salih olanlarla birlikte girecekleri sonsuzluk cennetleri. Melekler her kapıdan yanlarına girecekler ve şöyle diyecekler: "Sabrınızdan dolayı size selâm olsun. Son durak ne güzeldir!

In the name of Allah, the Most Merciful, the Most Compassionate.

This book was written purely for the love, mercy and pleasure of Allah who I sincerely ask to forgive the sins of my parents, sister, family and believers who have passed away and grant them entry to His highest eternal Garden of Paradise.

(Surah Al-Isra 17:24)

"My Lord! Be merciful to them as they raised me when I was young."

(Surah Ar-Ra'd 13:23-24)

Gardens of Eternity, which they will enter along with the righteous among their parents, spouses, and descendants. And the angels will enter upon them from every gate, saying, "Peace be upon you for your perseverance. How excellent is the ultimate abode!

(Fatiha Suresi, 1:1-7)

Rahman ve Rahim olan Allah'ın Adıyla.
In the Name of Allah—the Most Compassionate, Most Merciful.
Hamd alemlerin Rabbi olan Allah'a mahsustur.
All praise is for Allah—Lord of all worlds
En Şefkatli, En Merhametli,
the Most Compassionate, Most Merciful,
Kıyamet Günü'nün Efendisi.
Master of the Day of Judgment.
Yalnız sana ibadet eder ve yalnız senden yardım dileriz.
You alone we worship and You alone we ask for help.
Bizi Doğru Yola ilet.
Guide us along the Straight Path.
Nimet verdiklerinin yoluna, gazabına uğrayanların ve sapıkların yoluna değil.

the Path of those You have blessed—not those You are displeased with, or those who are astray.

giriiş

Rahman ve Rahim olan Allah'ın adıyla

Introduction

In the name of Allah, the Most Merciful, the Most Compassionate

Hamd ve övgü âlemlerin Rabbi olan Allah'a mahsustur. Şehadet ederim ki Allah'tan başka ilah yoktur ve Muhammed onun kulu ve elçisidir.

All praise and glory are due to Allah, the Lord of the Worlds. I bear witness there is no God but Allah and that Muhammad is his servant and Messenger.

(En'am Suresi 6:153)

Aslında bu Benim Yolumdur; tamamen düzdür. Bu yüzdenOna uyun, başka yollara uymayın, çünkü onlar sizi O'nun yolundan saptırırlar. O'nun size emrettiği budur; umulur ki Allah'a karşı sorumluluğunuzun bilincinde olursunuz."

(Surah Al-An'am 6:153)

***Indeed, that is My Path**—perfectly straight. So, follow it and do not follow other ways, for they will lead you away from His Way. This is what He has commanded you, so perhaps you will be conscious of Allah."*

Kur'an, tarihin en büyük edebi Müslüman kitabıdır ve bin dört yüz yıldan fazla bir süre önce indirildiği gibi bugün de kusursuz ve bozulmadan kalmıştır.

The Quran is the greatest literary Muslim book in history and remains flawless and intact today exactly as it was revealed more than fourteen hundred years ago.

(İsra Suresi 17:88)

De ki: Ey Peygamber! **"Bütün insanlar ve cinler bir araya gelip bu Kur'an'ın bir benzerini ortaya koysalar, birbirlerine ne kadar destek olurlarsa olsunlar onun bir benzerini ortaya koyamazlar.**

(Surah Al-Isra 17:88

Say, O Prophet, **"If all humans and jinn were to come together to produce the equivalent of this Quran, they could not produce its equal, no matter how they supported each other.**

Geleneksel Müslümanlar, Hadislerin Peygamber'in sözlerini, eylemlerini ve onaylarını koruyan doğru bir tarihsel kaynak olduğuna inanırlar. (Allah'ın selamı ve bereketi onun üzerine olsun). Bununla birlikte, tüm hadisleri reddeden ve Kur'an merkezli bir yaklaşımı savunan bazı Kur'ancılar da vardır.

Traditional Muslims believe that Hadith is an accurate historical source, preserving the words, actions and approvals of the Prophet (May the peace and blessings of Allah be upon him). There are however some Quranist that reject all Hadith, advocating for a Quran-centric approach.

Kur'an, her Müslüman için İlahi rehberliğin en yüce temelidir. Peygamber (s.a.v.)'in sünnetinin taşıyıcısı olan hadislerdir. Bugün birçok Müslüman arasında tartışmalı bir konu olarak kabul ediliyor.

The Quran is the supreme foundation of Divine guidance for every Muslim. Hadith on the other hand which is the carrier of the Sunnah of the Prophet (May the peace and blessings of Allah be upon him) is considered among many Muslims a controversial issue today.

Eleştirel düşünceye sahip Müslümanlar da dahil olmak üzere Batılı akademisyenler, hadis metinlerinin güvenilir bir şekilde Peygamber'in gerçek sözlerine dayandırılamayacağına inanmaktadır. (Allah'ın selamı ve bereketi onun üzerine olsun).

7

Western scholars including critical thinking Muslims believe that Hadith texts cannot be reliably traced back to the literal words of the Prophet (May the peace and blessings of Allah be upon him).

Bu inancın temeli Hadis metninin kökenini araştıran ve hadisin yazıldığı dönemdeki tarihi ve kültürel olaylara bakan tarihi tenkit yöntemi.

This belief is based on the historical critical method which investigates the origin of Hadith text, and looks at the historical and cultural events at the time Hadith was written.

Hadislerin Kur'an bağlamında gerekliliği ve güvenilirliği konusunda farklı görüşler Müslümanlar arasında kafa karışıklığına neden olmuş ve bu da bazı önemli soruların ortaya çıkmasına neden olmuştur.

The differing opinions on the necessity and reliability of Hadith in the context of the Quran have caused confusion among the Muslims which raised some important questions.

Elimizde Kuran varken neden Hadislere ihtiyacımız var? Kur'an'ın bir ayetiyle çelişen bir hadise mi uyuyoruz? Peygamber mi yaptı (Allah'ın selamı ve bereketi onun üzerine olsun) Kur'an'dan başka vahiy mi alıyorsunuz?

Muhammed son Peygamber ve Elçi miydi? Kur'an'da Tevrat ve İncil'den neden bahsediliyor?

Bu kitap, bu soruların bazılarına ve daha fazlasına Kur'an ve hadis metinlerinden alıntılar yaparak cevap veriyor.

Why do we need Hadith when we have the Quran? Do we follow a Hadith that contradicts a verse of the Quran? Did the Prophet (May the peace and blessings of Allah be upon him) receive revelation other than the Quran?

Was Mohammad the last Prophet and Messenger? Why is the Torah and Gospel mentioned in the Quran?

This book answers some of these questions and more through the citation of Quran and Hadith texts.

Rahman ve Rahim olan Allah'tan bu naçizane çabamı kabul etmesini ve bu kitabın tüm insanlığa bir hidayet ve fayda kaynağı olmasını niyaz ediyorum.

Allah'ın salat ve selamı, kulu ve Resulü Muhammed'e, onun ashabına, diğer Nebilere ve Nebilere, onların ailelerine ve onlara salih bir şekilde uyanlara olsun.

I ask Allah the Most High, the Most Merciful to accept my humble effort and that this book provides a source of guidance and benefit to all mankind.

May the peace and blessings of Allah be upon Muhammad his slave and Messenger, his companions, the other Prophets and Messengers, all their families and whosoever follows them in righteousness.

(Ankebut Suresi **29:69**)

Bizim uğrumuzda mücadele edenlere gelince, onları elbette yolumuza ileteceğiz.. Ve Allah elbette iyilik edenlerle beraberdir.

(Surah Al-Ankabut 29:69)

As for those who struggle in Our cause, We will surely guide them along Our Way. And Allah is certainly with the good-doers.

Birinci bölüm

Hadisin Gerekliliği

CHAPTER ONE
The Necessity of Hadith

(Nahl Suresi **16:44**)

Biz onları apaçık delillerle ve ilahi kitaplarla gönderdik ve sana da zikri indirdik ey Peygamber, ***Böylece insanlara, kendilerine indirileni açıklayasın da belki düşünürler.***
(Surah An-Nahl 16:44)

We sent them with clear proofs and divine Books. And We have sent down to you O Prophet the Reminder, ***so that you may explain to people what has been revealed for them, and perhaps they will reflect.***

(Al-i İmran Suresi **3: 164**)

Şüphesiz Allah, müminlere, içlerinden bir elçi göndermekle büyük bir lütufta bulunmuştur: ***Onlara âyetlerini okuyor, onları arındırıyor ve onlara kitabı öğretiyor.*** *ve bilgelik. Çünkü onlar daha önce apaçık bir sapıklık içindeydiler.*
(Surah Ali Imran 3:164)

Indeed, Allah has done the believers a great favor by raising a messenger from among them—reciting to them His revelations, ***purifying them, and teaching them the Book*** *and wisdom. For indeed they had previously been clearly astray.*

Hadisler Peygamber Efendimizin sünnetini aktaran haberlerdir. (Allah'ın selamı ve bereketi onun üzerine olsun). Bu, bugün İslam hukukunda önemli bir kaynak olarak kullanılan Hz. Muhammed'in sözlerini, eylemlerini ve geleneklerini içerir.

Hadislerin taşıyıcısı Rasulullah (sallallahu aleyhi ve sellem)'in sünnetidir. Sünnet'i ancak Kur'an ve hadislerle anlayabiliriz. Herhangi bir hadis metninin kökeni Kur'an'dan ve Peygamber'in sünnetinden gelir. Muhammed.

Ebu Necih el-İrbaad ibn Saariyah (Allah ondan razı olsun) şöyle dedi: Allah Resulü (sallallahu aleyhi ve sellem) bize, yüreklerimizi korkuyla dolduran, gözlerimizi yaşartan bir hutbe verdi.

Bunun üzerine şöyle dedik: "Ey Allah'ın Resulü! Sanki bu bir veda hutbesi, o yüzden bize öğüt ver." (Allah'ın selamı ve bereketi onun üzerine olsun) şöyle buyurdu: "Size Allah'tan takva etmenizi, emiriniz bir köle olsa bile emirinizi dinlemenizi ve itaat etmenizi tavsiye ederim.

Muhakkak ki sizden uzun ömürlü olan, büyük bir çekişmeye tanık olacaktır. ***Benim sünnetime ve Hulefa-i Raşidin'in (doğru yolda olan halifelerin) sünnetine uymalısınız.)***, doğru yola iletenler.

Azı dişlerinizle inatla ona tutunun. Dinde yeni uydurulan şeylerden sakının; zira her bidat dalalettir."

Ebu Davud ve Tirmizî'nin rivayet ettiği

Abu Najeeh al-Irbaad ibn Saariyah (May Allah be pleased with him) said: The Messenger of Allah (May the peace and blessings of Allah be upon him) gave us a sermon by which our hearts were filled with fear and tears came to our eyes.

So, we said, "O Messenger of Allah! It is as though this is a farewell sermon, so counsel us." He (May the peace and blessings of Allah be upon him) said, "I counsel you to have taqwa (fear) of Allah, and to listen and obey your leader even if a slave were to become your ameer.

Verily he among you who lives long will see great controversy, so ***you must keep to my Sunnah and to the Sunnah of the Khulafa ar-Rashideen (the rightly guided caliphs),*** those who guide to the right way.

Cling to it stubbornly with your molar teeth. Beware of newly invented matters in the religion, for verily every bidah (innovation) is misguidance."

Ravilere Göre Hadis Kategorileri

Categories of Hadith based on Narrators

Müslümanlar tarafından yaygın olarak kabul edilen, ravilere dayanan üç kategoride hadis vardır.

There are three categories of Hadith based on narrators which are widely accepted by Muslims.

Hadis Kudsi (Kutsal)

Hadis-i Kudsi, doğrudan Allah'a nisbet edilen bir hadis olup, Rasûlullah (s.a.v.)'in ilham veya rüya yoluyla Allah'tan gelen mesajları tebliğ ettiği ve daha sonra manasını kendi sözleriyle ümmete bildirdiği bir hadistir.

Hadith Qudsi (Sacred)

Hadith Qudsi is directly attributed to Allah where the Messenger of Allah (May the peace and blessings of Allah be upon him) would convey messages from Allah by way of inspiration or dream, and then communicate the meaning to the Ummah in his own words.

Mütevatir (Ardışık)

Hadislerin sahih olduğu kabul edilir, çünkü çok sayıda sahabe tarafından nakledilmiştir. (Allah'ın selamı ve bereketi onun üzerine olsun). Mütevâtir Hadis'in pratik bir örneği Hac, oruç, zekat, Kur'an okunması ve beş vakit namazın uygulanmasıdır.

Peygamber'e atfedilen sözlü Mütevâtir Hadislerin sayısı azdır ve alimler arasında kesin bir sayı konusunda fikir birliği bulunmadığından şüphelidir.

Mutawatir (Consecutive)

Hadith is regarded as authentic because it was reported by a large number of companions of the Prophet (May the peace and blessings of Allah be upon him). A practical example of the Mutawatir Hadith is Hajj, fasting, Zakat, recitation of the Quran and practices of the five daily prayers.

The number of verbal Mutawatir Hadith attributed to the Prophet is few and questionable as there is no consensus amongst scholars as to an exact number.

Ahad (İzole)

Sayıları Mütevatir Hadis'in kitlesel rivayetlerine ulaşmayan hadislerdir. Hadisler ayrıca garip, nadide ve meşhur olarak sınıflandırılır.

Ahad (Isolated)

Hadith whose numbers do not reach the mass transmissions of that of Mutawatir Hadith. Hadith is further classified into strange, rare and famous.

Gharib (Garip, korkut)

Hadisi tek bir râvî, isnadın herhangi bir safhasında nakleder. (yetki zinciri)

Gharib (Strange, scare)

A single transmitter of Hadith narrates it at any stage of the isnad. (chain of authority

Aziz (Güçlü, Nadir)

Hadisi iki râvî, isnadın herhangi bir safhasında nakletmektedir. (yetki zinciri)

Aziz (Strong, rare)

Two transmitters of Hadith narrate it at any stage of the isnad. (chain of authority)

Ünlü

İsnadın herhangi bir aşamasında hadis rivayet eden ikiden fazla ravi vardır. (yetki zinciri)

Mashhur (Famous)

There are more than two transmitters of Hadith who narrate it at any stage of the isnad. (chain of authority)

Hadislerin Sınıflandırılması

Classifications of Hadith

Hadislerin Sahih, Hasan, Daif ve Mevde olarak sınıflandırılması, râvîlerin güvenilirliğine, takvasına, ilmine, dürüstlüğüne ve iyi hafızasına bağlıydı. Rivayet zincirinin ve metnin de eksiksiz, kesintisiz, güvenilir olması ve diğer râvîlerle desteklenmesi gerekmektedir.

The classification of Hadith whether they are Sahih, Hasan, Da'if or Mauda depended on the trustworthiness, piety, knowledge, integrity and good memory of the transmitters. The chain of narrations and text must also be complete, uninterrupted, reliable and must be corroborated with other transmitters.

Sahih (Sound)

Tam, güvenilir ve kesintisiz bir aktarım ve metin zincirine sahip hadis. Râvîlerin aynı zamanda dürüstlükleri, ilimleri, dindarlıkları, doğrulukları ve iyi hafızaları ile de tanınmaları gerekir.

Sahih (Sound)

Hadith with a complete, reliable and uninterrupted chain of transmission and text. The transmitters must also be known for their honesty, knowledge, piety, integrity and good memory.

(Hasan (İyi

Rivayet zinciri tamamlanmamış veya otoritesi veya hafızası şüpheli olan râvîler içeren hadisler. Hadis delil olarak kullanılmak için yeterlidir.

(Hasan (Good

Hadith with an incomplete chain of transmission or with transmitters whose authority or memory is questionable. The Hadith is sufficient to be used as supporting evidence.

(Da'if (Zayıf

Râvilerin veya metinlerin ciddi eleştirilere maruz kaldığı hadisler. Râvîlerin yalan söylediği, aşırı hatalar yaptığı veya daha güvenilir râvîlerin rivayetlerine karşı çıktığı bilinen durumlar buna bir örnektir.

(Da'if (Weak

Hadith where the transmitters or matn (text) are subject to serious criticism. An example is where the transmitters are known to tell lies, make excessive mistakes or oppose the narrations of more reliable trustworthy transmitters.

Maudu (Fabrikasyon, dövme)

Hadisin metni, belirli bir hadisin rivayet edildiği tarih ve saatlere aykırıdır. İfadesi de sahih hadisin tam tersidir.

Maudu (Fabricated, forged)

The text of the Hadith goes against the dates and times of a particular Hadith reporting. The wording is also opposite to that of an authentic Hadith.

Peygamber'in vefatından sonra Müslümanların asıl odak noktası (sav) Kuran idi. Bu büyük ölçüde hadislerin yayılmasını azaltırken insanları Kur'an'a uymaya zorlayan Ebu Bekir, Ömer, Osman ve Ali (Allâh onlardan razı olsun) gibi sahabelerin çabaları sayesinde oldu.

Peygamber'in sahabeleri, müminlerin Kur'an ayetleriyle hadis ayetlerini karıştırmasını istemiyorlardı.

The main focus for Muslims after the death of the Prophet (ﷺ) was the Quran. This was largely due to the efforts of the companions of the Prophet namely Abu Bakr, Umar, Uthman and Ali (May Allah be pleased with them) who compelled people to follow the Quran while reducing the spread of Hadith.

The companions of the Prophet did not want the believers to confuse the verses of the Quran with that of Hadith

Peygamber Efendimiz'in vefatından sonra Ebubekir insanları toplayıp şöyle dedi: "Siz Allah'ın Resulü hakkında tutarsız rivayetler aktarıyorsunuz. Sizden sonra gelen insanlar daha yoğun bir çelişkiye düşecekler.

Bu nedenle, Allah'ın Resulü hakkında hiçbir şey anlatmayın ve biri size sorarsa, hakem olarak Allah'ın Kitabına başvurmalısınız.

O halde orada helal olanı helal, haram olanı da haram saymalısınız.

ed-Zehbiy'den rivayet edilmiştir.

After the demise of the Holy Prophet, Abu-Bakr gathered people and said, 'You are reporting about the Messenger of Allah inconsistent narrations. People coming after you will be engaged in more intense discrepancy.

Therefore, do not report anything about the Messenger of Allah, and if anyone asks you, you should refer to the Book of Allah as the arbitrator.

You should thus deem lawful whatever is lawful therein and deem unlawful whatever is unlawful therein.

Narratted by Al-Dhahbiy

Ömer, halife olduğu dönemde sahabelerin ziyaretine izin vermemişti. (Allah'ın selamı ve bereketi onun üzerine olsun) Hadis yaymalarını istemediği için izni olmadan serbestçe seyahat etmelerini istedi. Osman, bir sonraki Halife olduğunda seyahat kısıtlamalarını kaldırdı.

Peygamber'in sahabeleri (Allah'ın selamı ve bereketi onun üzerine olsun) beğenmek Abdullah ibn Abbas, Enes ibn Malik, Ebu Hureyre, Abdullah ibn Mesud ve diğerleri Hadisleri belgelediler.

Umar during his reign as Caliph did not allow the companions of the Prophet (May the peace and blessings of Allah be upon him) to travel freely without his permission because he did not want them to spread Hadith. Uthman lifted the travel restrictions when he became the next Caliph.

The companions of the Prophet (May the peace and blessings of Allah be upon him) like Abdullah ibn Abbas, Anas ibn Malik, Abu Hurayrah, Abdullah ibn Masud and others documented Hadiths.

Ebu Cuhayfe (Allah ondan razı olsun) şöyle dedi:

Ali (Allah Ondan razı olsun)'a, "Allah'ın kitabından başka bir İlahî vahiy bilgin var mı?" diye sordum.

Ali şöyle cevapladı: "Hayır., Taneyi parçalayan ve ruhu yaratan Allah'a yemin olsun ki. Bizde böyle bir bilgi olduğunu düşünmüyorum ama Allah'ın insana Kur'an'ı anlayabilmesi için bahşettiği anlama kabiliyetine sahibiz ve bu kağıtta yazılanlar da elimizde var."

Diye sordum, *"Bu kağıtta ne yazıyor?"* "Esirlerin salıverilmesi ve bir Müslümanın kâfir tarafından öldürülmemesi gerektiğinin anlaşılmasıdır.

Buhari'nin rivayet ettiği

Abu Juhaifa (May Allah be pleased with him) said:

I asked Ali (May Allah be pleased with him) "Do you have the knowledge of any Divine Inspiration besides what is in Allah's Book?"

Ali replied, "No, by Him Who splits the grain of corn and creates the soul. I don't think we have such knowledge, but we have the ability of understanding which Allah may endow a person with, so that he may understand the Quran, and we have what is written in this paper as well."

I asked, *"What is written in this paper?"* He replied, "The understanding, releasing of the captive, and that a Muslim should not be killed by a disbeliever.

Narrated by Al-Bukhari

Peygamber'in sahabeleri arasında icma (Allah'ın selamı ve bereketi onun üzerine olsun) Müslümanlar ise Hadislerin ezberlenerek ve ağızdan ağıza söylenerek öğrenilmesi gerektiğini savunuyorlardı. Hafızası iyi olmayanların hadis rivayetlerini unutacağından korkulunca bu durum yazılı metne dönüştü.

The consensus among the companions of the Prophet (May the peace and blessings of Allah be upon him) and Muslims was that Hadith should be learned through memorization and word of mouth. This changed to written text when it was feared that those who did not have a good memory would forget the Hadith narrations.

Fuzayl ibn Hasan ibn Amr ibn Ümeyye babasından şöyle rivayet etmiştir:

Ebu Hureyre'ye bir hadis anlattım, o da yalanladı. "Senden duydum" dedim. Ebu Hureyre şöyle dedi:*Eğer benden duyduysan, yazmalıyım.*" Daha sonra beni evine götürdü, bana Peygamber Efendimiz'in birçok hadisini içeren kitapları gösterdi ve o hadisi buldu.

Bunun üzerine Ebu Hureyre şöyle dedi: "Dediğim gibi, eğer size anlattıysam, o hadis benimkinde kayıtlıdır.

İbn Abdülberr'in rivayet ettiği

Fudhayl ibn Ḥasan ibn ʿAmr ibn Umayyah narrated from his father who said

I told Abu Hurayrah about a hadith and he denied it. I said, "I heard it from you." Abu Hurayrah said, "*If you heard it from me I must have it written.*" He then took me to his house, he showed me books containing many Hadith of the Prophet and he found that Hadith.

Abu Hurayrah then said, "As I said, if I have ever told you, that hadith is recorded in mine.

Narrated by Ibn Abd al-Barr

Hadislerin en eski el yazması, İmam Malik'in 179'a tarihlenen Muvatta'sının tek sayfasıdır.

Emeviler ile Abbasiler arasındaki rekabet hadis derlemelerinin oluşmasına yol açtı.

Emevi hanedanı, Avrupa, Asya ve Afrika kıtalarında hakimiyetini güçlendirmek ve genişletmek için Hadis'i en güçlü siyasi silahı olarak kullandı. Bu kıtalar çok kültürlü, etnik ve dini kökene sahip çok sayıda insanı barındırıyordu.

Bu durum, hukuki, mezhepsel ve teolojik tartışmalarda uydurulan birçok hadisin derlenmesine yol açmıştır. Aynı zamanda o dönemde çatışan ve rekabet eden mezhep, kabile ve kelam ideolojileri nedeniyle yeni hadis materyallerinin oluşturulması için bir fırsat ve motivasyon yaratmıştır.

The earliest manuscript for Hadith is a single page of the Muwatta by Imam Malik dating to 179AH.

The rivalry between the Umayyad and Abbasids led to the creation of the compilation of Hadith.

The Umayyad dynasty used Hadith as their most powerful political weapon to enforce and expand their rule over the continents of Europe, Asia and Africa. These continents included vast populations of people with multi-cultural, ethnic and religious backgrounds.

This led to the compilation of many Hadiths which became forged in legal, sectarian and theological debates. It also created an opportunity and motivation for the creation of new Hadith material due to the conflicting and competing sectarian, tribal and theological ideologies at the time.

Hadislerin aktarımını kontrol etmek, doğrulamak ve doğrulamak için yerleşik alim geleneklerinin tarihi gibi hiçbir kontrol önlemi olmadığından, bu durum hadislerin toplu olarak üretilmesinin kapısını açtı.

İbn Abbas (Allah ondan razı olsun)'a nisbet edilen hadislerin uydurmaları zaman içerisinde ciddi oranda artmıştır. İbn Abbas'a nisbet edilen hadislerin sayısı bin altı yüz altmıştır.

Bu, İbn Abbas'ın aslında Peygamber'den duyduğu dokuz veya on hadisin rivayetini dikkate alıyor. (Allah'ın selamı ve bereketi onun üzerine olsun) Peygamber Efendimiz'in söyledikleri ile diğer sahabelerden duyduğu hadis rivayetleri arasındaki karşılaştırma.

This opened the door for the mass fabrication of Hadiths as there were no control measures like a history of established scholar traditions in place to check, verify and authenticate the transmission of Hadith.

The fabrication of Hadiths attributed to Ibn Abbas (May Allah be pleased with him) have significantly increased over time. The number of Hadiths reportedly attributed to Ibn Abbas is one thousand six hundred and sixty Hadiths.

This is taking in account the report of nine or ten Hadiths ibn Abbas actually heard from the Prophet (May the peace and blessings of Allah be upon him) and his report on what the Prophet said versus the Hadith narration he heard from the other companions.

İbn Ömer (Allah Ondan razı olsun)'ın kendisine atfedilen iki bin altı yüz otuz hadisi vardır ve Ebu Hureyre (Allah Ondan razı olsun)'dan sonra en çok hadis rivayet eden ikinci kişi olarak kabul edilir.

Aşağıdaki hadis, İbn Ömer'in birçok hadis rivayet ettiği rivayetiyle çelişmektedir.

Abdullah bin Ebu Safer'in şöyle dediği rivayet edilmiştir: "Eş-Şa'bi'yi şöyle derken işittim: *"İbn Ömer'in yanında bir yıl oturdum ve onun Rasûlullah'tan hiçbir şey rivayet ettiğini duymadım.*)"

İbn Mâce'den rivayet edilmiştir.

Ibn Umar (May Allah be pleased with him) had two thousand six hundred and thirty Hadiths attributed to him and are considered the second most prolific Hadith narrator after Abu Hurayah (May Allah be pleased with him)

The following Hadith contradicts the narrative that Ibn Umar narrated many Hadiths.

It was narrated that Abdullah bin Abu Safar said: "I heard Ash-Sha'bi saying: *"I sat with Ibn Umar for a year and I did not hear him narrate anything from the Messenger of Allah ()"*

Narrated by Ibn Majah

İsnadlara duyulan ihtiyaç

The need for Isnads

Hadislerin güvenilirliği ve güvenilirliği için belirleyici bir faktör olarak isnadlara (rivayet zinciri) duyulan ihtiyaç, ancak İkinci Fitne sırasında ortaya çıktı.

Bu dönem, sivil, siyasi ve askeri huzursuzluk ve çalkantıların yaşandığı bir dönemdi. Erken Emevi Halifeliği.

The need for Isnads (chain of narrators) as a determining factor for the reliability and credibility of Hadith only arose during the Second Fitna.

This was the period of civil, political and military unrest and turmoil during the early Umayyad Caliphate.

Bize Ebu Cafer Muhammed bin üs-Sabbah rivayet etti, İsmail bin Zekeriyye bize Asım il-Ahval'den rivayet etti. *İbn Sirin şöyle demiştir:*

"Rivayet zincirlerini sormazlar, Fitne çıkınca: "Bize adamlarınızı isimlendirin" dediler. Yani Ehl-i Sünnet dikkate alınır, onların hadisleri alınır, Ehl-i Bi'dah kabul edilir ve onların hadisleri alınmazdı."

Müslim'in anlattığı

Abu Ja'far Muhammad bin us-Sabbah narrated to us, Ismail bin Zakariyya narrated to us, on the authority of Asim il-Ahwal, on the authority of *Ibn Sirin that he said:*

"They would not ask about the chains of narration, and when the Fitnah occurred, they said: "Name for us your men". So Ahl us-Sunnah would be regarded, and their Ḥadith were then taken, and Ahl ul-Bi'dah (Innovators) would be regarded, and their Ḥadith were not taken".

Narrated by Muslim

Hadislerin kanunlaştırılması sekizinci yüzyılda Emeviler döneminde Müslüman imparatorluğu üzerinde muazzam olumlu bir etki yapan Ömer bin Abdülaziz'in hükümdarlığı sırasında başladı.

Ömer bin Abdülaziz, ileri görüşlü ve dönüştürücü değişikliklerinin bir sonucu olarak, İslam tarihinde en asil hükümdarlardan biri olarak kabul edilir ve dört salih halife Ebu Bekir, Ömer, Osman ve Ali'den (Allah onlardan razı olsun) sonra ikinci sırada yer alır.

The codification of Hadith started in the eighth century during the reign of Umar bin Abdul Aziz who made a monumental positive impact on the Muslim empire during the Umayyad period.

Umar bin Abdul Aziz as a result of his visionary transformative changes are considered in Muslim history as one of the most noble rulers, second only to the four rightly guided caliphs Abu Bakr, Umar, Uthman and Ali (May Allah be pleased with them)

O zamanki kural, isnadların (rivayetler zincirinin) doğrulanması, eksiksiz olması ve ravilerin ilim, dindarlık, dürüstlük ve iyi hafızalarıyla tanınmasıydı.

Hadisin Kur'an'a ve diğer sahih hadislere aykırı olmaması gerekir. *Ancak hadisin içeriğine yönelik herhangi bir eleştiri bulunmadığından kural zayıftı.*

The rule at the time was that the Isnad (chain of narrations) must be corroborated, complete and that the narrators were known for their knowledge, piety, integrity and good memory.

The Hadith should also not contradict the Quran and other authentic Hadiths. *The rule however was weak because there was no criticism of the contents of the Hadith itself.*

Anlatıcıların dürüstlüğü, dindarlığı ve bilgisine büyük saygı duyuldu ve bu nedenle sorgulanmadı. Bu da hadisin içeriğini kimsenin incelemesine ve sorgulamasına yol açmadı.

İlk Müslüman alimlerin hadisleri tasdik etme çabaları nedeniyle, *Bugün hadis aktaran kimse, onun isnadını belirtmeden bunu yapmaz..* (anlatılanlar zinciri)

The integrity, piety and knowledge of the narrators was held in high esteem and therefore not questioned. This led to no one examining and questioning the contents of the Hadith itself.

Due to the efforts of the early Muslim scholar's corroboration attempts to authenticate Hadith, *anyone citing Hadith today will not do so without mentioning its Isnad.* (chain of narrations)

Bu doğrulama, kökenine yol açtı Bugün Müslümanların Peygamber'in sünnetine atfedilen temel kaynak olarak kabul ettiği altı hadis kitabı (Allah'ın selamı ve bereketi onun üzerine olsun).

Hadis ilminin en önde gelen iki alimi Buhari ve Müslim'dir ve bunlar, sened konusunda katı kriterleri nedeniyle hadis münekkitleri olarak kabul edilebilir..

Sahih Al-Buhari ve Sahih Muslim, günümüzde Kur'an'dan sonra en sahih İslami literatür olarak kabul edilmektedir. Diğer dört kitap ise Sünen Ebi Davud, Sünen el-Nesa'i, Sünen İbn Mace ve Cami el-Tirmizi.

Altı Hadis kitabından alınan literatür, bazılarının sahih olması, bazılarının çelişkili rivayetlere sahip olması ve genellikle çelişkilerle dolu olması nedeniyle, sıhhat dereceleri açısından farklılık göstermektedir.

This corroboration led to the origin of six Hadith books which Muslims today have accepted as the primary source attributed to the Sunnah of the Prophet (May the peace and blessings of Allah be upon him).

The two most prominent scholars of Hadith are Al-Bukhari and Muslim who can be considered Hadith critics due to their strict criteria of chain of narrators.

Sahih Al-Bukhari and Sahih Muslim are today considered the most authentic Islamic literature after the Quran. The other four books are from Sunan Abi Dawud, Sunan al-Nasa`i, Sunan Ibn Majah and Jami al-Tirmidhi.

The literature from the six Hadith books differ in their degree of authenticity as some are authentic, others have conflicting narrations and are generally full of contradictions.

Geleneksel Müslümanlar Hadislerin çok güvenilir bir tarihi kaynak olduğuna inanırlar. Laik eleştirel tarih alimleri, pek çok kişinin hadis rivayetlerini, güvenilir bir şekilde Peygamber'in gerçek sözlerine dayandırılamadığı için reddettiği noktaya kadar bu konuya şiddetle karşı çıkarlar. (Allah'ın selamı ve bereketi onun üzerine olsun).

Bu durum Peygamber'in haberlerinin doğru olup olmadığı sorusunu gündeme getirmiştir. vardı güvenilirdi ve sözleri Kur'an'ınki gibi aynen korunmuştu.

Traditional Muslims believe that Hadith is a very reliable historical source. Secular critical historical scholars strongly dispute this to the point that many reject Hadith narrations because it cannot be reliably traced back to the actual words of the Prophet. (May the peace and blessings of Allah be upon him)

This raised the questions on whether the reports of the Prophet were reliable and was his words accurately preserved as that of the Quran.

(Hicr Suresi *15-9*)

Zikretmeyi elbette Biz indirdik ve onu koruyacak olan da elbette Biziz.

(Surah Al-Hijr 15:9)

*It is certainly We Who have revealed the Reminder, and **it is certainly We Who will preserve it.***

Bu aynı zamanda on dokuzuncu yüzyılda Kur'ancı olarak adlandırılan, hadis külliyatının tamamını reddeden ve Peygamber'in otoritesini sorgulayan bir hareketin ortaya çıkmasına da yol açtı. (Allah'ın selamı ve bereketi onun üzerine olsun).

Onların inançları ve iddiaları, Peygamber'in Kur'an'ı tebliğ etmekten başka bir yetkisinin bulunmadığına dayanıyordu

This also led to the origins of a movement in the nineteenth century called Quranist which rejected the entire Hadith corpus and questioned the authority of the Prophet (May the peace and blessings of Allah be upon him).

Their belief and argument were based on that the Prophet had no authority except to deliver the Quran.

(Nahl Suresi, 16:82)

*Ama eğer yüz çevirirlerse, o zaman **Senin görevin ey Peygamber, yalnızca mesajı açıkça tebliğ etmektir.***

(Surah An-Nahl 16:82)

*But if they turn away, then **your duty O Prophet is only to deliver the message clearly.***

Sünni gelenekçiler aynı fikirde değiller ve durumun böyle olmadığını kanıtlamak için her zaman aşağıdaki ünlü ayeti alıntılıyorlar.

(Nisa Suresi 4:59)

Ey inananlar! Allah'a itaat edin, Peygamber'e ve sizden olan emir sahiplerine itaat edin.. *Eğer herhangi bir konuda anlaşmazlığa düşerseniz, eğer Allah'a ve ahiret gününe gerçekten inanıyorsanız, onu Allah'a ve Resulüne götürün. Bu en iyi ve en adil çözümdür.*

(Surah An-Nisa 4:59)

O believers! Obey Allah and obey the Messenger and those in authority among you. *Should you disagree on anything, then refer it to Allah and His Messenger, if you truly believe in Allah and the Last Day. This is the best and fairest resolution.*

Yukarıdaki ayet dolaylı olarak şunu söylüyor: ***Allah'a itaat edin ve itaat edin Haberci.*** Kelime ***itaat etmek*** aranızdaki yetkili kişilerin önünde değil. Bu şu anlama gelir: "Evet, Kur'an'a ve Peygamber (s.a.v.)'in sünnetine aykırı olmadığı sürece, aranızdaki emir sahiplerine itaat edin.'"

Ayet şöyle devam ediyor: "Eğer herhangi bir konuda anlaşmazlığa düşerseniz, eğer Allah'a ve ahiret gününe gerçekten inanıyorsanız, onu Allah'a ve Resulüne arz edin." Bu Kur'an ve Peygamber'in sünnetidir.

The above verse implicitly states *obey Allah and obey the Messenger.* The word *obey* is not in front of those in authority among you. This implies "Yes obey those in authority among you as long as it does not go against the Quran and Sunnah of the Prophet (May the peace and blessings of Allah be upon him)."

The verse continues "Should you disagree on anything, then refer it to Allah and His Messenger, if you truly believe in Allah and the Last Day." This refers to the Quran and the Sunnah of the Prophet.

(Ahzab Suresi, 33:36)

Allah ve Rasûlü bir işe hükmettiğinde, mü'min bir erkek ve kadının o konuda başka bir tercihte bulunması doğru değildir.. Şüphesiz kim Allah'a ve Resûlüne isyan ederse, apaçık bir sapıklığa düşmüş olur.

(Surah Al-Ahzab 33:36)

It is not for a believing man or woman when Allah and His Messenger decree a matter to have any other choice in that matter. *Indeed, whoever disobeys Allah and His Messenger has clearly gone far astray.*

Sünnet, hadisi genişletir ve daraltır. Hadis kitapları namazın nasıl kılınacağı gibi konulardan bahsetmez veya detay vermez. Bir mürşide bütün hadis kitaplarının verilmesi ve onbinlerce hadis okunması halinde yine namaz kılmayı bilemeyecektir.

Bu sadece Peygamber'in geleneksel, emredici ebedi yaşam uygulaması olan Sünnet aracılığıyla olur. (Allah'ın selamı ve bereketi onun üzerine olsun) Bugün Müslümanlar nasıl dua edileceğini anlıyor ve biliyor.

Sünnet ayrıca Hac, Zekat ve Orucun yanı sıra Kur'an öğretilerinin günlük hayatımızda pratik olarak nasıl uygulanacağını da açıklar.

The Sunnah expands and restricts the Hadith. The books of Hadith do not mention or provide details for example on how to perform

Salah. In the event a Revert is given all the books of Hadith and reads tens of thousands of Hadith they will still not know how to perform salah.

It is only through the Sunnah which is the customary prescriptive perpetual living practice of the Prophet (May the peace and blessings of Allah be upon him) that Muslims today understand and know how to pray.

The Sunnah also explains Hajj, Zakat and Fasting as well as how to practically apply the teachings of the Quran in our daily lives

Malik (Allah ondan razı olsun) şöyle anlattı:

Peygamber'in yanına geldik. (Allah'ın selamı ve bereketi onun üzerine olsun) ve yirmi gün yirmi gece onun yanında kaldı. Hepimiz gençtik ve hemen hemen aynı yaştaydık.

Peygamberimiz çok şefkatli ve merhametliydi. Ailelerimize olan özlemimizi anlayınca evlerimizi ve oradaki insanları sordu, biz de kendisine anlattık.

Sonra bizden ailelerimizin yanına dönüp onların yanında kalmamızı, onlara dini öğretmemizi ve onlara iyi işleri emretmemizi istedi. Ayrıca hatırladığım veya unuttuğum bazı şeylerden de bahsetti.

Peygamber Efendimiz daha sonra şunu ekledi: ***"Beni dua ederken gördüğünüz gibi dua edin.*** Namaz vakti gelince biriniz ezan okusun ve en büyüğünüz namazı kıldırsın."

Buhari'nin rivayet ettiği

Malik (May Allah be pleased with him) narrated:

We came to the Prophet (May the peace and blessings of Allah be upon him) and stayed with him for twenty days and nights. We were all young and of about the same age.

The Prophet was very kind and merciful. When he realized our longing for our families, he asked about our homes and the people there and we told him.

Then he asked us to go back to our families and stay with them and teach them the religion and to order them to do good things. He also mentioned some other things which I have remembered or forgotten.

The Prophet then added, *"Pray as you have seen me praying and when it is the time for the prayer one of you should pronounce the Adhan and the oldest of you should lead the prayer."*

Narrated by Al-Bukhari

Peygamber'e yalan söylemekle ilgili hadisler

Hadith on telling a lie against the Prophet

Hadisler genel olarak çelişkilerle doludur. Günümüzün sorunu Müslümanların çoğunluğunun hadisleri dinleyip sahih olarak kabul etmesidir.

Bunun bir örneği, Peygamber'in sahabelerinin de dahil olduğu, kitlesel olarak nakledilen aşağıdaki Hadis'tir. (Allah'ın selamı ve bereketi onun üzerine olsun). Kelimesi kasıtlı olarak bir hadiste kullanılmış, diğerinde kullanılmamıştır.

Her iki hadisin de Buhari'den olduğunu ve aynı hadisin, her ikisi de Peygamber'in sahabesi olan Ali ve Enes'e ait iki farklı versiyonunun bulunduğunu belirtmek önemlidir.

Hadiths are generally full of contradictions. The problem today is that the majority of Muslims listen to Hadiths and accept it as authentic.

An example is the following Hadith which have been mass transmitted which includes the companions of the Prophet (May the peace and blessings of Allah be upon him). The word intentionally is used in one Hadith and not the other.

It is important to note that both Hadiths are from Al-Bukhari and there are two different versions of the same Hadith by Ali and Anas, both companions of the Prophet.

Ali (Allah ondan razı olsun) şöyle anlattı:

Peygamber (Allah'ın selamı ve bereketi onun üzerine olsun) dedi ki: "Bana yalan söyleme *kim bana yalan söylerse* sonra mutlaka cehennem ateşine girecektir."

Buhari'nin rivayet ettiği

Ali (May Allah be pleased with him) narrated:

The Prophet (May the peace and blessings of Allah be upon him) said, "Do not tell a lie against me for *whoever tells a lie against me* then he will surely enter the Hell-fire."

Narrated by Al-Bukhari

Enes (Allah Ondan razı olsun) şöyle anlattı:

Beni sana çok sayıda hadis rivayet etmekten alıkoyan şey, Hz. (Allah'ın selamı ve bereketi onun üzerine olsun) söz konusu:

"Kim bana kasten yalan söylerse, TOnu mutlaka Cehennem ateşindeki koltuğuna oturtun."

Buhari'nin rivayet ettiği

Anas (May Allah be pleased with him) narrated:

The fact which stops me from narrating a great number of Hadiths to you is that the Prophet (May the peace and blessings of Allah be upon him) said:

"Whoever tells a lie against me intentionally, then surely let him occupy his seat in Hell-fire."

Narrated by Al-Bukhari

İfadelerdeki farklılık, dini inançların anlaşılmasını ve anlamını temelden etkiler. Hadisin bağlamına bakmak, onu paralel hadislerle karşılaştırmak ve Kuran'daki bir ayetle çelişmediğinden emin olmak önemlidir.

The difference in wording fundamentally affects the understanding and meaning of Religious beliefs. It is important to look at the context of the Hadith itself, compare it to parallel Hadiths and ensure it does not contradict a verse in the Quran.

Aişe (Allah ondan razı olsun) şöyle anlattı:

Babam Peygamber Efendimiz'in beş yüz hadisini toplamıştı. Bunu yaptığı gece yatakta dönüp durdu. "Hastalığın var mı, bir şey duydun mu?" diye sordum. Sabahleyin şöyle dedi: "Kızım! Sana verdiğim hadisleri bana getir." Onları getirdim. Biraz ateş istedi ve onları yaktı.

Bunları neden yaktığını sorduğumda ise şöyle dedi: "Bu hadisleri yanımda bulundurarak ölmek istemiyorum. *Güvendiğim kişilerden duyduğum halde, aslının rivayet edildiği gibi olmayan hadislerin olmasından korkuyorum.*; Bunları bu şekilde anlatmaktan korkuyorum"

Anlatılan ile *Al-Dahbiy*.

Aisha (May Allah be pleased with her) narrated:

My father had collected five hundred hadiths of the Prophet. On the night he did it, he tossed and turned in bed. I asked, "Do you have an illness or have you heard something?" In the morning, he said, "My daughter! Bring me the hadiths that I gave you." I brought them. He wanted some fire and burned them.

When I asked him why he burned them, he said, "I do not want to die having these hadiths with me because *I am afraid that there are hadiths that are not originally as they are reported though I heard them from people whom I trust*; I am afraid to narrate them that way"

Narratted by *Al-Dhahbiy*

Ölü Balina Yemek Hadisi

Hadith of Eating dead Whale

Allah aşağıdaki ayette ölü hayvanların çürüyen etlerinin yemeyi yasaklamıştır. Bu ayet sadece kara hayvanları için geçerlidir, deniz canlıları için geçerli değildir.

Allah in the following verse forbids eating the decaying flesh of dead animals. This verse applies to land animals only and not sea creatures.

(Sure 5:3)

Size leş, kan ve domuz haram kılındı. *ne kesiliyor Allah'tan başkasının adı; boğularak, dövülerek, düşerek veya boynuzlanarak öldürülen; siz onu katletmediğiniz sürece yırtıcı bir varlığın kısmen yediği şey; ve sunaklarda kurban edilenler.*

(Surah Al-Ma'idah 5:3)

Forbidden to you are carrion, blood, and swine; *what is slaughtered in the name of any other than Allah; what is killed by strangling, beating, a fall, or by gored to death; what is partly eaten by a predator being unless you slaughter it; and what is sacrificed on altars.*

Sende için kura çekmek yasaktır kararlar. Bunların hepsi kötülük. Bugün kâfirler, imanınızı zedelemekten ümidini kesmişlerdir. O halde onlardan korkmayın; benden kork!

You are also forbidden to draw lots for decisions. This is all evil. Today the disbelievers have given up all hope of undermining your faith. So, do not fear them; fear Me!

Bugün sizin için imanınızı kemale erdirdim, üzerinizdeki nimetimi tamamladım ve size yol olarak İslam'ı seçtim. **Kim aşırı açlıkla** *zorlanırsa, günah işlemeye niyet etmez. O halde şüphesiz Allah çok bağışlayandır, çok merhamet edendir.*

Today I have perfected your faith for you, completed My favor upon you, and chosen Islam as your way. **But whoever is compelled by extreme hunger not intending to sin** *then surely Allah is All-Forgiving, Most Merciful.*

Ölü balinanın yenilmesiyle ilgili hadis, Kur'an'a aykırı gibi görünse de aslında ayeti açıklamaktadır. **"Size leş, kan ve domuz haram kılındı."**

Ebu Abdullah Cabir ibn Abdullah (Allah ondan razı olsun) şöyle dedi:

Resûlullah (sallallahu aleyhi ve sellem) Kureyş'e ait bir kervanın yolunu kesmek için bizi gönderdi ve Ebû Ubeyde'yi (Allah ondan razı olsun) komutan olarak görevlendirdi. Bize bir çuval hurma rızık olarak verdi, ondan başka bizim için bir şey bulamadı.

Ebu Ubeyde bize teker teker hurma verirdi. Kendisine: "Onunla ne yaptın?" diye soruldu. Şöyle dedi: "Biz onu, bebeğin emdiği gibi emerdik, sonra da bir gün bize yetecek kadar su içerdik.

Biz de ağaç yapraklarını sopalarımızla döver, sonra suya batırıp yerdik." Şöyle devam etti: "Daha sonra deniz kıyısına doğru ilerledik, orada kocaman bir tümseğe benzer bir şey gözümüze çarptı. Yanına geldiğimizde onun Al-Anbar (istpermeçet balinası) adında bir hayvan olduğunu gördük.

Ebu Ubeyde şöyle dedi: "Bu ölü bir hayvandır." Sonra şöyle dedi: "Hayır, biz Rasulullah (s.a.v.)'in elçileriyiz ve biz Allah yolunda çıktık. Şimdi sen mecbur kaldın, o yüzden yemek yiyebilirsin." Bir ay boyunca semirinceye kadar ondan yedik ve biz üç yüz kişiydik.

Ve gerçekten de, testilerle göz oyuğundaki yağları nasıl çıkardığımızı, sonra ondan boğa gibi veya boğa büyüklüğünde parçalar kestiğimizi gördüm. Ebu Ubeyde bizden on üç adam aldı ve onları oyuklara oturttu. onun gözü. Kaburgalarından birini alıp düzeltti, sonra devemizin en büyüğünü eyerledi ve kaburganın altından geçirdi.

Eve dönüş yolculuğumuz için erzak olarak etinden büyük parçalar aldık. Medine'ye vardığımızda Resûlullah (s.a.v.)'in yanına geldik ve bütün bunları kendisine anlattık.

Bunun üzerine şöyle dedi: "Bu, Allah'ın sizin için çıkardığı bir rızıktır. Yanınızda onun etinden bize yedireceğiniz bir şey var mı?" *Etinden bir kısmını Resûlullah (s.a.v.)'e gönderdik ve o da yedi.*

Buhari ve Müslim'in rivayet ettiği

Daha detaylı açıklamayı aşağıdaki Kur'an ayeti ve hadis metinlerinde bulabilirsiniz.

Abu 'Abdullah Jabir ibn 'Abdullah (May Allah be pleased with him) reported:

The Messenger of Allah (May Allah's peace and blessings be upon him) dispatched us to intercept a caravan belonging to Quraysh, and he appointed Abu Ubaydah (May Allah be pleased with him) as our commander. He gave us a sack of dates as provision, other than which he did not find anything for us.

Abu Ubaydah used to give us one date at a time. He was asked: "What did you use to do with it?" He said: "We used to suck it just as a baby suckles, then we would drink some water after it, which would suffice us for a day until the night.

We also used to beat off tree leaves with our sticks, then soak them in water and eat them." He continued: "We then headed towards the sea coast, where something like a huge mound appeared to us. When we came to it, we found that it was an animal called Al-Anbar (sperm whale).

Abu 'Ubaydah said: "It is a dead animal." Then he said: "No, rather we are the messengers of the Messenger of Allah (May Allah's peace and blessings be upon him) and we have gone out in the cause of Allah. Now you are forced by necessity, so you can eat. We kept on eating from it for a month until we fattened up, and we were three hundred men.

And indeed, I saw how we scooped out fat from the cavity of its eye in pitchers, then we would cut pieces from it like a bull or the size of a bull.Abu Ubaydah took thirteen men from us and seated them in the cavity of its eye. He took one of its ribs and fixed it up, then saddled the largest camel of ours and it passed under it the rib.

We took large pieces of its meat as provision for our journey back home. When we arrived at Madinah, we came to the Messenger of Allah (May Allah's peace and blessings be upon him) and mentioned all of that to him.

There upon, he said: "It is sustenance that Allah brought out for you. Do you have anything from its meat with you, so that you would feed us?" *We sent some of its meat to the Messenger of Allah (May Allah's peace and blessings be upon him) which he ate.*

Narrated by Al-Bukhari as well as Muslim

Further clarification is found in the following Quranic verse and Hadith text.

(Maide Suresi 5:96)

Deniz ürünlerini avlamak ve yemek size helaldir., Size ve yolculara bir erzak olarak. Ancak hac sırasında karada avlanmak size haram kılındı. Hepinizin huzurunda toplanacağınız Allah'tan sakının.

(Surah Al-Ma'idah 5:96)

It is lawful for you to hunt and eat seafood, as a provision for you and for travelers. But hunting on land is forbidden to you while on pilgrimage. Be mindful of Allah to Whom you all will be gathered.

Deniz Suyu ile İlgili Hadis

Hadith on Sea Water

Ebu Hureyre (Allah ondan razı olsun) şöyle haber verdi:
Peygamber sallallahu aleyhi ve sellem'e deniz suyu sorulduğunda şöyle buyurdu: "Onun suyu abdest için temizleyicidir. *ve ölü hayvanlarının yenmesi helâldir.*"

Et-Tirmizi'nin rivayet ettiği

Deniz suyuyla ilgili hadis, ölü balinanın yenilmesiyle ilgili hadisi tamamlıyor ve açıklıyor. Bu nedenle hadisleri Kur'an'ın yanı sıra diğer paralel hadis metinleri bağlamında incelemek ve anlamak önemlidir.

Abu Huraira (May Allah be pleased with him) reported:

The Prophet, peace and blessings be upon him, was asked about sea water and he said, "Its water is purifying for ablution, *and its dead animals are lawful to eat.*"

Narrated by At-Tirmidhi

The Hadith on sea water complements and explains the Hadith on eating the dead whale. It is therefore important to examine and understand Hadith through the context of other parallel Hadith texts as well as the Quran.

Peygamberlerin Hadis Yazma İzni

Prophets Permission to Write down Hadith

Peygamber (Allah'ın selamı ve bereketi onun üzerine olsun) Hadislerin Kur'an'a karıştırılmaması için Kur'an'ın indirildiği dönemde hadislerin yazılmasını yasakladı. O dönemde asıl odak noktası Hadis değil, Kur'an'ın vahyiydi.

The Prophet (May the peace and blessings of Allah be upon him) prohibited the writing of Hadith during the revelation of the Quran to ensure that Hadith doesn't get mixed with the Quran. The main focus at the time was the revelation of the Quran and not Hadith.

Ebu Said el-Hudri (Allah Ondan razı olsun)'dan rivayet edildiğine göre Rasûlullah (sallallahu aleyhi vesellem) şöyle buyurmuştur: *"Benden hiçbir şey yazmayın*, Kim benden Kur'an'dan başka bir şey yazmışsa onu silsin ve benden anlatsın, çünkü bunda bir sakınca yoktur."

Müslim'in anlattığı

Abu Said al-Khudri (May Allah be pleased with him) reported that the Messenger of Allah (May the peace and blessings of Allah be upon him) said: *"Do not write anything from me*, whoever has written anything from me other than the Quran, let him erase it and narrate from me, for there is nothing wrong with that."

Narrated by Muslim

Yasak, Kur'an'ın indirilmesinden sonra kaldırıldı. Sözlü hadis okunması teşvik edildi ve rivayeti unutacaklarından korkan insanlara hadis yazma izni verildi. Ebu Şah'ın hadisi bunun bir örneğidir.

Ebu Hureyre (Allah ondan razı olsun) şöyle anlattı:

Mekke'nin fethedildiği yıl Huza'a kabilesi, İslam öncesi Cahiliye döneminde kendilerine ait öldürülen bir kişinin intikamını almak için Bam Laith kabilesinden bir adamı öldürmüştü.

Bunun üzerine Allah'ın Elçisi ayağa kalktı ve şöyle dedi: "Allah, filleri taşıyan orduyu Mekke'den alıkoydu, fakat Elçisi'ne ve mü'minlere Mekke'deki kâfirlere galip geldi. Dikkat edin! Mekke bir mabettir! Muhakkak ki! Mekke'de savaşmak hiç kimseye caiz değildi." Benden önce ve benden sonra kimseye izin verilmeyecektir; o gün bana sadece bir saat kadar izin verildi.

Şüphesiz! Şu anda bir sığınaktır; dikenli çalıları sökülmemelidir; ağaçları kesilmemeli; Düşen eşyalar ise sahibini arayanlar dışında kimse tarafından alınmamalıdır.

Ve eğer biri öldürülürse, onun en yakın akrabası iki şeyden birini seçme hakkına sahiptir; ya Kan parası ya da katili öldürterek misilleme yapmak." Sonra Ebu Şah adında Yemen'den bir adam ayağa kalktı ve şöyle dedi: *"Bunu bana yaz ey Allah'ın Resulü (Allah'ın selamı ve bereketi onun üzerine olsun)!" Allah Resulü ashabına, "Bunu Ebu Şah için yazın" dedi.*

Daha sonra Kureyş'ten başka bir adam ayağa kalktı ve şöyle dedi: "Ey Allah'ın Resulü! (Allah'ın selamı ve bereketi onun üzerine olsun) Evlerimizde ve mezarlarda kullandığımız izhir (özel bir tür ot) hariç." (Allah'ın selamı ve bereketi onun üzerine olsun) "İzkir hariç" dedi.

Buhari'nin rivayet ettiği

The prohibition was lifted after the Quranic revelation. The oral Hadith recitation was encouraged and permission was given to people to write down Hadith who feared they would forget the transmission. The Hadith of Abu Shah is a case in point.

Abu Huraira (May Allah be pleased with him) narrated:

In the year of the Conquest of Mecca, the tribe of Khuza`a killed a man from the tribe of Bam Laith in revenge for a killed person belonging to them in the Pre-Islamic Period of Ignorance.

So, Allah's Apostle got up saying, "Allah held back the army having elephants from Mecca, but He let His Apostle and the believers overpower the infidels of Mecca. Beware! Mecca is a sanctuary! Verily! Fighting in Mecca was not permitted for anybody before me, nor will it be permitted for anybody after me; It was permitted for me only for a while an hour or so of that day.

No doubt! It is at this moment a sanctuary; its thorny shrubs should not be uprooted; its trees should not be cut down; and fallen things should not be picked up except by the one who would look for its owner.

And if somebody is killed, his closest relative has the right to choose one of two things, i.e., either the Blood money or retaliation by having the killer killed." Then a man from Yemen, called Abu Shah, stood up and said, *"Write that for me, O Allah's Messenger (May the peace and blessings of Allah be upon him)!" Allah's Messenger said to his companions, "Write that for Abu Shah."*

Then another man from Quraish got up, saying, "O Allah's Messenger! (May the peace and blessings of Allah be upon him) Except Al- Idhkhir (a special kind of grass) as we use it in our houses and for graves." Allah's Messenger (May the peace and blessings of Allah be upon him) said, "Except Al-idhkkir."

Narrated by Al-Bukhari

Abdullah ibni Amr (Allah ondan razı olsun) şöyle haber verdi:

Ben Rasûlullah (s.a.v.)'den duyduğum her şeyi ezberlemek için yazardım, fakat Kureyş bana bunu yapmamamı söyledi.

"Ondan duyduğun her şeyi yazıyor musun?" dediler. Peygamber bir insandır! Öfkelendiğinde ve memnun olduğunda konuşur. Bu yüzden bir şeyler yazmayı bıraktım. Bunu Peygamber Efendimize anlattım, o da ağzını işaret ederek şöyle dedi: *"Yaz, nefsim elinde olan Allah'a yemin ederim ki ondan haktan başka bir şey çıkmaz."*

Ebu Davud'un rivayet ettiği

Abdullah ibn Amr (May Allah be pleased with him) reported:

I would write down everything I heard from the Messenger of Allah (May the peace and blessings of Allah be upon him) wanting to memorize it, but the Quraysh told me not to do it.

They said, "Do you write down everything you hear from him? The Prophet is a human being! He speaks when he is angry and pleased." So, I stopped writing things down. I mentioned it to the Prophet, and he pointed to his mouth and said, *"Write, for by the One in whose hand is my soul, nothing comes out of it but the truth."*

Narrated by Abu Dawud

Peygamberimizin bir sözü üç defa tekrarlaması ile ilgili hadis

Hadith on Prophet repeating a statement three times

Peygamber (Allah'ın selamı ve bereketi onun üzerine olsun) sabırlıydı ve insanların anlamını anlamasını sağlamak için bir ifadeyi üç kez tekrarlıyordu.

Bunun nedeni aynı zamanda Peygamberin sözlerini unutacaklarından korkan insanlara bunu yazmaları için yeterli sürenin tanınmasıydı.

Enes bin Malik (Allah ondan razı olsun) anlatıyor:

Allah Resulü'nün (Allah'ın selamı ve bereketi onun üzerine olsun) *bir ifadeyi üç kez tekrarlamak* anlaşılabilsin diye.

Et-Tirmizi'nin rivayet ettiği

The Prophet (May the peace and blessings of Allah be upon him) was patient and would repeat a statement three times to ensure people understood its meaning.

The reason for this was also to give those people who feared they would forget the Prophets words enough time to write down it down.

Anas bin Malik (May Allah be pleased with him) narrated

that the Messenger of Allah (May the peace and blessing of Allah be upon him) would *repeat a statement three times* so that it could be understood.

Narrated by At-Tirmidhi

Kâğıda yazma hadisi

Hadith of writing down on paper

Ubeydullah bin Abdullah (Allah ondan razı olsun) şöyle anlattı:

İbn Abbas şöyle demiştir: "Peygamber'in rahatsızlığı (Allah'ın selamı ve bereketi onun üzerine olsun) daha da kötüleşti, dedi *"Bana yazı kağıdı getirin, ben de size ondan sonra yoldan sapmayacağınız bir beyan yazayım." Fakat Ömer, "Peygamberimiz ağır hasta, yanımızda Allah'ın Kitabı var, bu bize yeter" dedi.* Fakat Peygamber Efendimiz'in sahabeleri bu konuda ihtilafa düştüler ve ortalık karıştı.

Bunun üzerine Peygamber Efendimiz onlara, 'Gidin ve beni rahat bırakın' dedi. Benim önümde kavga etmen doğru değil."

İbn Abbâs çıkıp şöyle dedi: "Resûlullah'ın gelmesi ne büyük bir talihsizliktir (büyük bir felakettir). (Allah'ın selamı ve bereketi onun üzerine olsun) anlaşmazlıkları ve gürültüleri nedeniyle bu açıklamayı onlar adına yazmaları engellendi.

Buhari'nin rivayet ettiği

Ubaidullah bin Abdullah (May Allah be pleased with him) narrated:

Ibn `Abbas said, "When the ailment of the Prophet (May the peace and blessings of Allah be upon him) became worse, he said, *"Bring for me writing paper and I will write for you a statement after which you will not go astray." But Umar said, "The Prophet is seriously ill, and we have got Allah's Book with us and that is sufficient for us."* But the companions of the Prophet differed about this and there was a hue and cry.

On that the Prophet said to them, 'Go away and leave me alone. It is not right that you should quarrel in front of me."

Ibn 'Abbas came out saying, "It was most unfortunate (a great disaster) that Allah's Messenger (May the peace and blessings of Allah be upon him) was prevented from writing that statement for them because of their disagreement and noise.

Narrated by Al-Bukhari

Hadis, Peygamber Efendimiz'in ne söylediği konusunda yoruma açıktır. (Allah'ın selamı ve bereketi onun üzerine olsun) ölmeden önce yazmak istedi. Ali'yi, Ömer'i veya diğer sahabelerden birini halefi olarak mı isimlendirmek istiyordu yoksa müminlerin Kur'an ve Sünnet'e uymaları yönündeki talimatını yeniden teyit etmek mi istiyordu?

Ömer'in beyanı ***"Peygamberimiz ağır hasta, yanımızda Allah'ın kitabı var, bu bize yeter."*** Ayrıca hadisin sıhhati konusunda şüpheye gölge düşürmektedir. O dönemde Kur'an henüz kitap haline getirilmemişti.

The Hadith is open to interpretation as to what the Prophet (May the peace and blessings of Allah be upon him) wanted to write down before his death. Did he want to name Ali, Umar or one of the other companions as his successor or reaffirm his instruction that believers follow the Quran and his Sunnah?

Umar's statement ***"The Prophet is seriously ill, and we have got Allah's Book with us and that is sufficient for us."*** also casts a shadow of doubt as to the authenticity of the Hadith as the Quran was not yet at that time compiled in book form.

Hadis Tenkidi

Hadith Criticism

Hadisler önceleri sözlü olarak aktarılmış, daha sonra yazılı hale getirilmiştir. Eğer hadis sadece sözlü aktarımla sınırlı olsaydı, sahih olma yükü daha da zor olurdu.

Gerçek şu ki, hafıza güvenilmezdir ve hadislerin başka kelimelerle ifade edilmesi, onların gerçek metinlerinde ve anlamında değişikliklere neden olabilir. O dönemde Müslümanlar, hafızalarını ve sözlü hadis rivayetlerini etkileyecek olan kabile çatışmalarına, kitlesel göçlere ve çevre değişikliklerine katlanmak zorunda kaldılar.

Hadith was initially transmitted orally then later written. The burden to authenticate Hadith would have been harder if it was only confined to oral transmission.

The fact is that memory is unreliable and paraphrasing of Hadith can cause changes in their actual text and meaning. The Muslims at the time had to endure tribal conflicts, mass migration and changes of environment which would have affected their memory and the oral transmissions of Hadith.

Hadis tenkidinin önde gelen alimlerinden biri sayılan Şu'be ibn el-Haccâc şöyle demiştir:

"Hadisleri inceleyen ve araştırması benim araştırmamla karşılaştırılabilecek kimseyi tanımıyorum. Bunların dörtte üçünün yanlış olduğunu keşfettim."

Hadislerin ilk sözlü aktarımı gerçekleştiğinde herhangi bir yazılı kontrol mevcut değildi. Bu, yerleşik bir geçmişe sahip sağlam bir tarihin yer aldığı yazılı Kur'an'ın tam tersidir. ilim ve ilim mevcuttu. Kur'an okuyan müminler her zaman bir kontrol şekli olan yazılı Kur'an metnine başvurabiliyorlardı.

Shu'bah ibn al-Hajjaj who are considered one of the foremost scholars of Hadith criticism said:

"I do not know of anyone who scrutinized Hadith whose investigation was comparable to my investigation. I discovered that three quarters thereof are false."

There were no written controls in place when the initial oral transmission of Hadith took place. This is opposite to the written Quran where a robust history of established background knowledge and scholarship existed. The believers who recited the Quran could always refer back to the written Quranic text which was a form of control.

Mısırlı ünlü hadis alimi Abdullah ibn Lahi'ah şöyle dedi:

"Sahte doktrinlerinden bana tövbe eden bir kafir. Dedi ki: *"Bu hadisleri kimden aldığınızı dikkatle inceleyin, zira biz ne zaman bir öğretiye doğru yol alsak, onu hadise dönüştürürüz."*

Abdullah ibn Lahi'ah who was a famous Egyptian Hadith Scholar said:

"A heretic who had repented of his false doctrines to me. He said: *"Examine carefully from whom you have taken these Hadith for verily whenever we reasoned our way to a doctrine we would turn it into Hadith*

Hadis geleneğinin ilk dört yüzyılı, hadisin içeriğinin eleştirisini dışarıda bırakan isnad (anlatım zinciri) eleştirisine odaklanmıştı.

Buhari, Müslim, Ahmed bin Hanbel ve diğerleri, hadisi tasdik etmek için belli bir dereceye kadar işe yarayan destekleyici rivayetler kullandılar. Bunun nedeni, hadisleri tasdik edecek hiçbir isnadın (hadis zincirinin) mevcut olmaması nedeniyle hadislerin erken dönem sorunlu olmasıdır.

Bu demektir ki, sekizinci yüzyıldan itibaren hadis münekkitleri, *yüz ila yüz elli yıl önceki hadis rivayetlerini tasdik etmek için kendi yöntemlerini uygularlar.*

Bu, daha önceki dönemde Hadisler için uydurma paralel isnadların (anlatım zinciri) sahih ve uydurma hadisler arasında ayrım yapmayı zorlaştırması nedeniyle etkisiz oldu.

The first four centuries of the Hadith tradition were focused on isnad (chain of narrations) criticism which excluded criticizing the contents of the Hadith itself.

Al-Bukhari, Muslim, Ahmad bin Hanbal and others used corroborative transmissions to authenticate Hadith which worked to a certain degree. The reason for this is the problematic earlier period of Hadith as there were no isnads (chain of narrations) in place to authenticate Hadiths.

This means that from the eighth century onwards Hadith critics were trying to *apply their methods to authenticate Hadith narrations from one hundred to one hundred and fifty years earlier.*

This proved ineffective due to the fabricated parallel isnads (chain of narrations) for Hadiths in the earlier period making it difficult to distinguish between authentic and fabricated Hadiths.

Zaman çizelgesindeki boşluklar, *fil içindeki fil oda* Bugün ne zaman birisi Hadis'ten alıntı yapsa. Bunun nedeni, ister camide ister halka açık bir platformda olsun, herhangi biri Hadis'ten alıntı yaptığında, en az bir veya daha fazla şüpheci kişinin şu soruyu soracağıdır: *"Peygamber (Allah'ın selamı ve bereketi onun üzerine olsun) gerçekten bunu söyledi mi?"*

Hadislerin geç yazılması, hadislerle ilgili daha önceki paralel çelişkili isnadlar (rivayetler zinciri) nedeniyle onu yoruma açık bırakmaktadır. Bu getiriyor *Hadis, Peygamber (s.a.v.)'in lafız sözlerinden daha şüpheciliğe daha yakındır.*

The gaps in the timeline created the *elephant in the room* today whenever anyone cites Hadith. The reason for this is that when anyone cites Hadith, whether it is in the mosque or on a public platform, there would be at least one or more sceptical persons who would ask the question: *"Did the Prophet (May the peace and blessings of Allah be upon him) really actually say that?"*

Hadith was written late which leaves it open to interpretation due to the earlier parallel contradictory isnads (chain of narrations) for Hadith. This brings *Hadith closer to the realm of skepticism than the literal words of the Prophet (May the peace and blessings of Allah be upon him).*

Hadis bize Peygamberimizin sünneti hakkında bilgi verdiği için bir zorunluluktur. (Allah'ın selamı ve bereketi onun üzerine olsun) ve Kur'an ayetlerinin bağlamını sağlar. Aynı zamanda önceki nesil Müslümanların görüş ve düşünceleri hakkında da fikir sahibi olmamızı sağlar.

Sünni, Şii, Selefi, Sufi, Vahabi vb. gibi Müslüman mezheplerin tümü, Kur'an'ı ve Peygamber'in Sünnetini anlamak için Hadislerin gerekli olduğunu kabul eder. (Allah'ın selamı ve bereketi onun üzerine olsun) Her ne kadar hadis konusunda anlaşmazlıklar olsa da.

Müslümanlar, yorum ve anlayış farklılıklarına rağmen, *Kur'an ve Hadisler, dini inançları için bir rehber kaynağı olarak büyük saygı görüyor.*

Hadith is a necessity as it provides us with information on the Sunnah of the Prophet (May the peace and blessings of Allah be upon him) and provides context to Quranic verses. It also provides us with insight on the views and opinions of the earlier generations of Muslims.

Muslim sects like Sunni, Shia, Salafi, Sufi, Wahabi etc all accept Hadith is necessary to understand the Quran and the Sunnah of the Prophet (May the peace and blessings of Allah be upon him) even though they might have disagreements when it comes to Hadith.

Muslims, despite their differences in interpretations and understanding, hold the *Quran and Hadith in high esteem as a source of guidance for their religious beliefs.*

İKİNCİ BÖLÜM

Kur'an ve Hadis arasındaki farklar

CHAPTER TWO
Differences between the Quran and Hadith

(Ankebut Suresi 29:45)

Kitaptan sana vahyedileni oku ve namazı kıl.

.Her namazda Kur'an okunur ama namazda hadis okunmaz

(Surat Al-Ankabut 29:45)

Recite what has been revealed to you of the Book and establish prayer.

The Quran is recited in every prayer while Hadith cannot be recited in .prayer

(İsra Suresi 17:88)

De ki: Ey Peygamber! "Bütün insanlar ve cinler bu Kur'an'ın bir benzerini ortaya koymak için bir araya gelseler, ne kadar destek olurlarsa olsunlar onun benzerini ortaya koyamazlar.

Kur'an, Allah'ın saf, değiştirilmemiş sözlerini içerirken, Hadis, Peygamber'in söz ve eylemlerine atfedilir. ﷺ

(Surah Al-Isra 17:88)

Say, O Prophet, "If all humans and jinn were to come together to produce the equivalent of this Quran, they could not produce its equal, no matter how they supported.

The Quran contains the pure unaltered words of Allah while Hadith is attributed to words and actions of the Prophet ﷺ

(Necm Suresi 53:2-4)

*Arkadaşın (Muhammed) ne saptı ne de saptı. **Kendi eğilimine göre de konuşmuyor. Bu, ortaya çıkan bir vahiyden başka bir şey değildir.***

Kur'an-ı Kerim, Hz. Muhammed'e Cebrail tarafından getirilmiş olup Hadisler, Peygamber'in hayatı hakkında Buhari, Müslim ve diğerleri gibi kaynaklardan gelen rivayetlerdir.

(Surah An-Najm 53:2-4)

*Your companion (Muhammad) has neither gone astray nor has erred. **Nor does he speak from his own inclination. It is not but a revelation revealed.***

The Quran has been brought to the Prophet Muhammad by the Angel Gabriel, while Hadith are narrations about the Prophet's life from sources like Bukhari, Muslim and others.

(Fatır Suresi 35:29-30)

***Şüphesiz Allah'ın kitabını okuyanlar,** Namazı kılanlar ve kendilerine verdiğimiz rızıklardan gizli ve açık bağışta bulunanlar, hiçbir zaman boşa çıkmayacak bir takas ümit edebilirler. böylece **Onları tam mükâfatlandıracak ve lütfundan onları artıracaktır..** O, gerçekten çok bağışlayandır, çok şükredendir.*

Kur'an'ın okunması sevap ve faziletleri ölçerken, Hadis okumak bir bereket vesilesidir. (kutsama)

(Surah Fatir 35: 29-30)

***Surely those who recite the Book of Allah,** establish prayer, and donate from what We have provided for them—secretly and openly—can hope for an exchange that will never fail. so that **He will reward them in full and increase them out of His grace.** He is truly All-Forgiving, Most Appreciative.*

The recitation of the Quran has measured rewards and virtues while the recitation of Hadith is a means of barakah. (blessings)

(Bakara Suresi 2:106)

Eğer bir ayeti nesh edersek veya onu unutturursak, onu daha iyisini veya benzerini koyarız. Allah'ın her şeye kadir olduğunu bilmiyor musun?

Kur'an-ı Kerim bir mucizedir ve eşsizdir. Hadislerde aynı seviyede hayret ve hayranlık yoktur. Hadis hiçbir zaman Kur'an'ın bir ayetini neshedemez.

(Surah Al-Baqarah 2:106)

If We ever abrogate a verse or cause it to be forgotten, We replace it with a better or similar one. *Do you not know that Allah is Most Capable of everything?*

The Quran is a miracle and unique. Hadith does not have the same level of wonder and awe. Hadith can never abrogate a verse of the Quran.

(Vakıa Suresi 56:74-79))

*O halde en büyük olan Rabbinin ismini tesbih et. Bu yüzden, yıldızların konumları üzerine yemin ederim ki, eğer bilseydiniz, bu **Bu gerçekten büyük bir yemindir ki, bu, gerçekten temizlenmiş meleklerden başka kimsenin dokunmadığı, çok iyi korunmuş bir Kitapta yer alan, asil bir Kur'an'dır.***

Abdestsiz veya cinsel kirlilik halindeyken Kur'an'a dokunulmaz. Hadis kitaplarına cinsel açıdan necis iken ve abdestsiz olarak dokunulabilir.

(Surah Al-Waqi'ah 56:74-79)

*So, glorify the Name of your Lord, the Greatest. So, I do swear by the positions of the stars—and this, if only you knew, is **indeed a great oath that this is truly a noble Quran, in a well-preserved Record touched by none except the purified angels.***

The Quran cannot be touched without wudu or in a state of sexual impurity. The books of Hadith can be touched in a state of sexual impurity and without wudu.

(Yusuf Suresi 12:2)

*Aslında, **Biz onu Arapça bir Kur'an olarak indirdik.** anlayasınız diye.*

Kur'an-ı Kerim Arapçadan başka kendi dilinde okunamaz, Hadis ise her dilde rivayet edilebilir.

(Surah Yusuf 12:2)

*Indeed, **We have sent it down as an Arabic Quran** so that you may understand.*

The Quran cannot be recited in one's own language except Arabic while Hadith may be narrated in any language.

*(*Ankebut Suresi **29:47***)*

İnatçı kâfirlerden başkası âyetlerimizi yalanlamaz.

Kur'an'ın bir ayetini inkar ederek imanınızı kaybedebilirsiniz. Eğer bir hadis rivayetini reddederseniz durum böyle değildir.

(Surah Al-Ankabut 29:47)

And none denies Our revelations except the stubborn disbelievers.

You can lose your Iman (faith) by rejecting a verse of the Quran. This is not the case if you reject a Hadith narration.

*(*Hicr Suresi **15:9***)*

Zikretmeyi elbette Biz indirdik ve onu koruyacak olan da elbette Biziz.

Kuran eşsizdir ve her türlü bozulmaya karşı Allah tarafından korunmuştur. Hadisler Kuran gibi korunmaz ve çelişkilerle doludur.

It is certainly We Who have revealed the Reminder, and it is certainly We Who will preserve it.

The Quran is incomparable and protected by Allah against any corruption. Hadith is not preserved like the Quran and is full of contradictions.

ÜÇÜNCÜ BÖLÜM

Hadislerin ışığında Kur'an

CHAPTER THREE
The Quran in light of the Hadith

(Al-i İmran Suresi 3:31)

SEy Peygamber, "Eğer Allah'ı gerçekten seviyorsanız bana uyun.; *Allah sizi sevecek ve günahlarınızı bağışlayacaktır. Çünkü Allah çok bağışlayandır, çok merhamet edendir."*

Kur'an Allah'tan gelen ilahi yazılı vahiydir, Hadis ise sözlü aktarıma ve daha sonra Allah'ın Elçisi'ne atfedilen yazılı aktarıma tabidir. (Allah'ın salat ve selamı onun üzerine olsun)

(Surah Al Imran 3:31) Say, O Prophet, "If you sincerely love Allah, t hen follow me; *Allah will love you and forgive your sins. For Allah is All-Forgiving, Most Merciful."*

The Quran is divine written revelation from Allah while Hadith was subject to oral transmission and then later written transmission attributed to the Messenger of Allah. (May the blessings and peace of Allah be upon him)

(Abese Suresi 80:11-14)

Ama hayır! Bu vahiy gerçekten bir hatırlatmadır. O halde dileyen buna dikkat etsin. ***Onurlandırılan sayfalara yazılmıştır****—çok saygın, arınmış.*

(Surah Abasa 80: 11-14)

But no! This revelation is truly a reminder. So, let whoever wills be mindful of it. ***It is written on pages held in honor****—highly esteemed, purified.*

Kur'an her şeyi açıklıyor ve her bilginin tohumudur. Peygamber'in sünneti Kur'an'ı genişletir ve daraltır.

Bunun nedeni Sünnet'in Kur'an ayetlerine bağlam sağlaması ve aynı zamanda Kur'an'ı nasıl okuyup anladığımıza da mercek tutmasıdır. Müslümanların bir Kur'an ayetinin yorumlanması konusunda ihtilafa düşmeleri durumunda Sünnet bu yorumun sınırlarını sınırlandırmıştır.

The Quran elucidates all things and is the seed of all knowledge. The Sunnah of the Prophet expands and restricts the Quran.

The reason for this is that the Sunnah provides context to the verses of the Quran and is also the lens on how we read and understand the Quran. In the event Muslims differ on the interpretation of a Quranic verse the Sunnah restricts the boundaries of such interpretation.

(Bakara Suresi 2:2)

Bu bir kitap! Bu konuda hiç şüphe yok—Allah'tan sakınanlar için bir rehber.

(Surah Al-Baqarah 2:2)

This is the Book! There is no doubt about it—a guide for those mindful of Allah.

Resûlullah (s.a.v.) şöyle buyurdu: "Bana Kur'an ve onunla birlikte bir benzeri verildi."

El-Mikdam ibn Ma'dikarib şöyle dedi: Rasulullah sallallahu aleyhi ve sellem şöyle buyurdu: ***"Şüphesiz bana Kur'an ve onunla birlikte bir benzeri verildi.*** Yakında öyle bir zaman gelecektir ki, bir adam divanına yaslanıp şöyle diyecektir: "Ancak Kur'an'a uyun, onda bulduklarınızı helal, haram bulduklarınızı haram kılın."

Ebu Davud'un rivayet ettiği

The Messenger of Allah (May the blessings and peace of Allah be upon him) said "I have been given the Quran and something similar along with it."

Al-Miqdam ibn Ma'dikarib reported: The Messenger of Allah, peace and blessings be upon him, said, ***"I have surely been given the Quran and something similar along with it.*** Soon, the time will come when a man will recline on his couch, saying: "Only follow the Quran, make lawful what you find in it as lawful and outlaw what you find in it as unlawful."

Narrated by Abu Dawud

*(Haşr Suresi **59:7**)*

Peygamber sana ne verdiyse onu al. Ve size neyi yasakladıysa onu bırakın. Ve Allah'tan korkun.

(Surah Al-Hashr 59:7)

Whatever the Messenger gives you, take it. And whatever he forbids you from, leave it. And fear Allah.

Kur'an, sünneti tasdik eder, hadisleri açıklar.

İslam hukukunun yüzde sekseninin Kuran'dan değil Hadislerden kaynaklandığı tahmin edilmektedir. Kuran'ın az sayıdaki hukuki hükümlerine kıyasla çoğu hukuki anlam taşıyan on binlerce Hadis vardır.

Bu durum ümmet arasında hadislerin Allah'ın kelamları olduğu algısını yaratmıştır. Allah'ın hiçbir benzeri ve benzeri yoktur ve buna O'nun sözleri de dahildir.

The Quran approves the Sunnah and the Hadith.

It is estimated that eighty percent of Islamic law is derived from Hadith and not Quran. There are tens of thousands of Hadiths of which most have legal implications in comparison to the Qurans few legal provisions. explains

This has created the perception amongst the Ummah that Hadith is the verbatim words of Allah. There is no comparison or equal to Allah and this includes His words.

*(Taha Suresi **20:14**)*

O gerçekten benim. Ben Allah'ım! *Benden başka ibadete layık ilah yoktur. O halde yalnızca bana kulluk edin ve beni anmak için namaz kılın.*

Kur'an ile hadis arasında dengenin yeniden sağlanması gerekiyor. Hadis geleneğinin Kur'an'ı geride bırakması nedeniyle Kur'an perspektifinin yeniden canlandırılması gerekmektedir.

Suudi Arabistan'ın anayasası Kur'an'dır. Ceza veya medeni kanun yoktur ve hakimler şeriata (İslam hukuku) dayanarak karar verirler.

(Surah Taha 20:14)

It is truly I. I am Allah! *There is no god worthy of worship except Me. So, worship Me alone, and establish prayer for My remembrance.*

There needs to be a restoration of balance between the Quran and Hadith. The Quranic perspective needs to be restored as the tradition of Hadith has overtaken the Quran.

The constitution of Saudi Arabia is the Quran. There is no penal or civil code and judges make rulings based on the Shariah (Islamic law)

Suudi Arabistan Veliaht Prensi Muhammed Bin Salman (MBS) Al-Arabiya'ya verdiği röportajda şunları söyledi:

"Şeriat söz konusu olduğunda hükümet ile *Mütevtir hadislerdeki Kur'an hükümlerini ve öğretilerini uygulamak,* Ahad (münferit) hadislerin doğruluğunu ve güvenilirliğini araştırıp, insanlık için açık bir fayda sağlanmadığı sürece haber hadislerini tamamen göz ardı etmek."

Yani olmalı *Kur'an'da açık bir hüküm bulunması dışında dinî bir meseleyle ilgili ceza verilemez.* Bu ceza da Peygamber Efendimiz'in uygulama şekline göre uygulanacaktır."

Bunun anlamı, mürtedlerin ve eşcinsellerin öldürülmesi, hırsızların taşlanması ve ellerinin kesilmesi gibi bazı İslami kanunların ortadan kalkacağıdır.

Bu aynı zamanda şu anlama da geliyor sadece *Kuran metniyle uyumlu geçerli hadislerin yüzde onu yerinde kalacaktır.*

ideolojideki değişim yer *Kur'an'a daha fazla vurgu* ve bir **R**Kur'an *ayeti ile işbirliği yapılmadığı takdirde hadislerin reddedilmesi.*

In an interview with Al-Arabiya, Mohammed Bin Salman (MBS), the Crown Prince of Saudi Arabia said:

"The government where Sharia is concerned has to *implement Quran regulations and teachings in a mutawtir (well known) hadith,* and to look into the veracity and reliability of Ahad (isolated) hadiths and to disregard khabar (hearsay) hadiths entirely unless if a clear benefit is derived from it for humanity."

So, there should be *no punishment related to a religious matter except when there is a clear Quranic stipulation,* and this penalty will be implemented based on the way that the Prophet applied it."

The implications are that some Islamic laws would disappear such as the death of the apostate and homosexuals, stoning and amputating the hands of thieves.

This also means that only *ten percent of valid Hadith which are aligned to the Quranic text will remain in place.*

The *shift in ideology* places *stronger emphasis on the Quran* and a *rejection of Hadiths if it is not collaborated with by a Quranic verse.*

Müslümanlar Kur'an'ı genellikle anlamadan okurlar ve sıklıkla *Kuran ayetlerini hadis metinleriyle karıştırıyorlar.*

İslam hukuku çoğunlukla hadis metinlerinden alınan ayrıntılı talimatlara dayanmaktadır. Kur'an'ın genel emirleri vardır, hadisler ise Kur'an ayetleriyle ilgili özel ayrıntılar sağlar.

Namaz, oruç, hac, zekat ve ticari işlemlerle ilgili Kur'an ayetleri açıklama gerektiriyordu. Peygamber (Allah'ın selamı ve bereketi onun üzerine olsun), bugün pek çok Müslümanın sünnet olarak adlandırılan başka bir vahiy olarak kabul ettiği Kur'an ayetlerini uygulamalı olarak gösterdi.

Hadisler Kur'an metinlerini genişletiyor Namaz, Hac, Oruç vs. söz konusu olduğunda Hadis metinleri Kur'an metinleriyle karşılaştırıldığında çok geniştir.

Muslims generally recite the Quran without understanding and often *confuse verses of the Quran with the texts of Hadith.*

Islamic law is mostly based on detailed instruction from Hadith texts. The Quran has general commands while Hadith provides specific details regarding Quranic verses.

The Quran verses regarding prayer, fasting, Hajj, Zakah and commercial transactions required clarification. The Prophet (May the peace and blessing of Allah be upon him) demonstrated the verses of the Quran practically which many Muslims today consider another revelation called the Sunnah.

The **Hadith expands on the Quranic texts** when it comes to prayer, Hajj, Fasting etc. The texts of Hadith in comparison to the Quranic texts are very vast.

(Yusuf Suresi *12:108*)

De ki: Ey Peygamber, "Bu benim yolumdur. Onlara bunun benim çok açık ve net olan yolum olduğunu söyle. ***Çağrım sağlam bir inanca, akla, bilgiye ve anlayışa dayanmaktadır.*** *– benim ve takipçileriminki.*

(Surah Yusuf 12:108)

Say, O Prophet, "This is my way. Tell them that this is my way which is very clear and straight. ***My call is based on firm conviction, reason, knowledge, and understanding*** *– mine as well as that of my followers.*

Kur'an ve hadislerin sözleri manalıdır. Kelimeleri yorumlayışımız, Kur'an ve Hadis metinlerinin bağlamsal önemi açısından gerçekliğimizi şekillendirdiği için önemlidir.

Yerleşik arka plan bilgisi ve anlayışı yoluyla yaptığımız akıl yürütme, bize Kur'an'ın ilahi vahyin ana kaynağı olduğunu bildirecektir.

Allah'ın emirlerine uyulmalıdır. Allah'ın kısa ve kesin sözleri olan Kur'an, sünnete hakimdir. Peygamber olmayacaktı (Allah'ın selamı ve bereketi onun üzerine olsun) veya Kur'an olmadan ilahi vahiy.

The words of the Quran and Hadith have meaning. Our interpretation of words matters as it shapes our reality as to the contextual importance of Quranic and Hadith texts.

Our reasoning through established background knowledge and understanding will inform us that the Qur'an is the main source of divine revelation.

The commandments of Allah must be followed. The Quran which is the concise and precise words of Allah rules over the Sunnah. There would be no Prophet (May the peace and blessing of Allah be upon him) or divine revelation without the Quran.

(Ali İmran Suresi 3:7)

*Sana kitabı indiren O'dur ey Peygamber, **bazı ayetler kesindir**—onlar Kitabın temelidir—diğerleri anlaşılması güçtür*

*Sapkın kalpli olanlar, yalan yorumlarıyla şüphe yaymak isteyen anlaşılması güç ayetlere uyarlar ama bunların tam anlamını Allah'tan başka kimse kavrayamaz. İlimde derinleşenler ise şöyle derler: "Biz bu Kur'an'a inandık; hepsi Rabbimiz'in katındandır.".***" Ancak bunu aklı başında olanlardan başkası düşünmez.***

(Surah Ali Imran 3:7)

*He is the One Who has revealed to you O Prophet the Book, **of which some verses are precise**—they the foundation of the Book—while are others are elusive.*

*Those with deviant hearts follow the elusive verses seeking to spread doubt through their false interpretations—but none grasps their full meaning except Allah. As for those well-grounded in knowledge, they say, "We believe in this Quran—it is all from our Lord." **But none will be mindful of this except people of reason.***

Allah, insanları anlaşılması zor ayetlerle imtihan eder ve sapkın kalpli olanlar, sahte yorumlarıyla Kur'an hakkında şüphe yayarlar.

Bu durum, bilginin ve rehberliğin ana kaynağı olarak hadislere yönelen ümmet arasında kafa karışıklığına neden olur. Hadislerin derlenmesi ve sahihliği son bin dört yüz yıldır mevcuttur.

Çoğu kişi Hadis'i İslam hukukunun ana kaynağı olarak görse de, günümüzde genellikle çelişkilerle dolu olan hadisler yoruma açıktır.

Bu hadislerin tamamen reddedilmesi gerektiği anlamına gelmez. Hadislerin tek başına ele alınmaması gerektiği konusunda görüş birliğine varılmalıdır.

Allah tests people with elusive verses and those with deviant hearts will spread doubt about the Quran through their false interpretations.

This causes confusion amongst the Ummah who turn to Hadith as the main source of knowledge and guidance. The compilation and authentication of Hadith have been in existence for the last fourteen hundred years.

Hadiths which are generally full of contradictions are subject to interpretations today even though many view Hadith as the main source of Islamic law.

This does not mean that Hadith should be totally rejected. The consensus should be that Hadith should not be viewed in isolation.

Soru sıklıkla ortaya çıkıyor *"Ya Kuran sahih kabul edilen bir hadisten bahsetmiyorsa?* Hadisin bağlamını anlamak için incelenip diğer paralel hadislerle karşılaştırılması gerekir.

Bunun nedeni şudur *her biri için Doğru olan bir hadisin aynı derecede paralel ve karşıt olan, doğru olmayan başka bir hadis olması muhtemeldir.* Bu, bilginin kaynağının Buhari, Müslim veya başkalarından olup olmadığına bakılmaksızın geçerlidir.

The question often arises *"What if the Quran doesn't mention a Hadith that is considered authentic?* The Hadith in an effort to understand its context should be examined and compared to other parallel Hadiths.

The reason for this is that *for every Hadith that is true there is potentially another equally parallel and opposite Hadith that is untrue.* This holds true irrespective if the source of information is from Bukhari, Muslim or others.

Müslümanlar da dahil olmak üzere Batılı alimler genellikle hadislere şüpheyle yaklaşırlar ve hadisleri ele alırken genellikle tarihi tenkit yöntemini uygularlar.

Bu yöntem, tarihi hadis metinlerinin kökenlerini incelemeyi içerir ve bunların kaynaklarını, tarihini, metnin yazıldığı olayları, ayrıca metinde geçen kişileri, yerleri, adetleri ve şeyleri araştırır.

Peygamber'in hayatına dair pratik bir örneği takip etmek, Kur'an metinlerini takip edip yorumlamaktan daha kolaydır. Ayrıca bir sorun da Arapça'nın çoğu Müslümanın ana dili olmaması ve bu durumun anlaşılmasını çoğu zaman zorlaştırmasıdır.

Kur'an'ın açıklığı, Kur'an'ın kendi dilinde ve lehçesinde indirilmesi nedeniyle sahabeler için zaman çizelgesinde daha açıktı.

Western scholars including Muslims are generally skeptical about Hadith and usually apply the historical critical method when dealing with Hadith.

This method involves examining the historical Hadith text origins and investigates its sources, the date, events in which the text was written, as well as persons, places, customs and things that are mentioned in the text.

It is easier to follow a practical example of the Prophet's life than to follow and interpret Quranic texts. An issue also is that Arabic is not most Muslims first language making it often times difficult to understand.

The clarity of the Quran was clearer to the Sahabah in their timeline as the Quran was revealed in their language and dialect.

(Yusuf Suresi *12:2*)

*Gerçekten biz onu bir öğüt olarak indirdik. **Arapça***
Kurananlayabilesin diye
(Surah Yusuf 12:2)

*Indeed, We have sent it down as an **Arabic Quranso that you may***
understand.

Bu aynı zamanda Hz. (Allah'ın selamı ve bereketi onun üzerine olsun) Kur'an'da bahsi geçmeyen ayetlerin derin manalarını açıkladı.

Günümüzde Müslümanların çoğunluğu Kur'an'ı anlamak için bir tercümana ihtiyaç duymaktadır. İmamlar ve şeyhler gibi alimler bu konuda destek verebilirler ancak zaman kısıtlılığı nedeniyle sınırlı ölçüde.

Yoğun tempolu hayatlarımızda zaman bir lüks olarak görülüyor. Ailemiz, işimiz, sosyal ve dini sorumluluklarımız var. Kur'an'ı öğrenmeye ve anlamaya nereden vakit bulacağız?

This also implies that the Prophet (May the peace and blessing of Allah be upon him) explained the deeper meanings of the verses that were not mentioned in the Quran.

The majority of Muslims today need an interpreter to understand the Quran. The scholars like the Imams and Sheikhs can provide support in this regard but to a limited extent due to time constraints.

Time is considered a luxury in our busy fast paced lives. We have family, work, social and religious commitments. Where do we find time to learn and understand the Quran?

(İsra Suresi 17:106)

*O, size parça parça indirdiğimiz bir Kur'an'dır. **mayıs onu insanlara kasıtlı bir hızda oku.** Ve biz onu ardı ardına vahiylerle indirdik.*

(Surah Al-Isra 17:106)

*It is a Quran We have revealed in stages so that you **may recite it to people at a deliberate pace.** And We have sent it down in successive revelations*

Dijital öğrenme çağı, herkese masaüstü, dizüstü bilgisayar, tablet, iPad akıllı telefon, akıllı TV ve diğerleri aracılığıyla dijital teknolojileri ve kaynakları çevrimiçi kullanarak aktif olarak Kur'an'ı öğrenme ve öğrenme fırsatı sundu.

Günümüzde kullanıcıları Kur'an'la buluşturan, Kur'an'ın okunuşunu ve ezberlemesini geliştiren ve bu süreçte olumlu alışkanlıklar kazandıran ücretsiz Müslüman uygulamaları var.

The digital age of learning has presented an opportunity for anyone to actively engage and learn the Quran using digital technologies and resources online via their desktop, laptop, tablet, iPad smartphone, smart TV's and others.

There are free Muslim apps today that connect users with the Quran, improve their recitation and memorization of the Quran while building positive habits in the process.

(Tevbe Suresi 9:31)

Allah'tan başka hahamlarını, rahiplerini ve Meryem oğlu Mesih'i rabler edindiler., Bir tek Allah'tan başkasına ibadet etmemeleri emrolunduğu halde. O'ndan başka ibadete layık ilah yoktur. O, onların ortak koştuklarından münezzehtir!

(Surat At-Tawbah 9:31)

***They have taken their rabbis and monks as well as the Messiah, son of Mary, as lords besides Allah,** even though they were commanded to worship none but One God. There is no god worthy of worship except Him. Glorified is He above what they associate with Him!*

Peygamber (Allah'ın selamı ve bereketi onun üzerine olsun) Ayrıca **Öğretileri Kur'an'a aykırı olan alimleri dinlememememiz konusunda bizi uyarıyor.**

Adiyy ibn Hâtim (Allah ondan razı olsun) şöyle demiştir:

Peygamber (s.a.v.)'in şu ayeti okuduğunu işittim: *"Allah'ın yanı sıra alimlerini, rahiplerini ve Meryem oğlu Mesih'i de rabler edindiler."*

Ve onlara ancak tek bir Allah'a kulluk etmeleri emrolundu; O'ndan başka ilah yoktur. O, onların ortak koştuklarından münezzehtir.

Ben de ona: "Biz onlara tapmayız" dedim. O cevapladı: *"Onlar Allah'ın izin verdiğini yasaklamıyorlar mı, siz de yasaklıyorsunuz? Onlar, Allah'ın yasakladığını izin vermiyorlar mı, siz de izin veriyorsunuz?"'* Evet dedim. Dedi ki: *"İşte onlara böyle ibadet ediyorsunuz.."*

Et-Tirmizi'nin rivayet ettiği

Allah, Kur'an'ı okuyup anlamaya çalışan herkesi Kendi yoluna iletir.

The Prophet (May the peace and blessing of Allah be upon him) also **warns us not to listen to scholars whose teachings are against the Quran.**

Adiyy ibn Hātim (May Allah be pleased with him) reported:

I heard the Prophet (May the peace and blessings of Allah be upon him) recite this verse: *"They have taken their scholars and monks as lords besides Allah, and also the Messiah, the son of Mariyam."*

And they were not commanded except to worship one God; there is no deity except Him. Exalted is He above whatever they associate with Him.

So, I said to him: "We do not worship them." He replied: *"Don't they forbid what Allah allows, so you forbid it? Don't they allow what Allah forbids, so you allow it?"* I said: Yes. He said: *"That is how you worship them."*

Narrated by At-Tirmidhi

Allah guides whoever attempts to read and understand the Quran towards His path.

(Sad Suresi 38:29)

*Bu, sana vahyettiğimiz mübarek bir kitaptır, ey Peygamber, böylece onlar mayıs **Onun ayetleri üzerinde düşünün, akıl sahibi olanlar düşünüp düşünsünler.***

(Surah Sad 38:29)

*This is a blessed Book which We have revealed to you O Prophet so that they **may contemplate its verses, and people of reason may be mindful.***

Kur'an'ı yorumlamanın en iyi yolu Kur'an'ın kendisi ve hadis metinleridir.

Hadis metni Kur'an'ın bir ayetiyle çelişmemeli, bilime, akla, mantığa ve sağduyuya aykırı olmamalıdır. Ayetin tam bağlamını anlamak için yorumlanmak istenen Kur'an ayetinin kendisi, önceki ilk beş ayet ve sonraki beş ayetin incelenmesi gerekir. Bu, Kur'an ayetlerini hadis metinleriyle veya tam tersini karşılaştırırken pratik bir çalışma bağlamı sağlayacaktır.

Bu, bir şeyin doğru bir şekilde anlaşılabilmesi için yakın veya benzer şeylerin bir araya getirilmesi gerektiğine dair sağlam bir mantığa dayanmaktadır.

Hadith text must not contradict a verse of the Quran, or go against science, reason, logic and common sense. The intended interpreted Quranic verse itself, the first five verses before and the five verses after needs to be examined to understand the full context of the verse. This will provide a practical working context when comparing Quranic verses with Hadith texts and vice versa.

This is based on sound reasoning that in order to make proper sense of something one needs to put things that are close or similar together.

The best way to interpret the Quran is through the Quran itself and Hadith texts.

(Necm Suresi 53:3-4)

Kendi kaprislerinden de bahsetmiyor. *Bu ancak kendisine indirilen bir vahiydir.*

(Surah An-Najm 53:3-4)

Nor does he speak of his own whims. *It is only a revelation sent down to him.*

İlâhi vahiy, Peygamber Efendimiz (s.a.v.)'e, Peygamberimiz ve ümmetinin büyük sıkıntı ve zulümle karşı karşıya kaldığı bir dönemde nazil olmuştur.

Hadisler, Kur'an ayetlerinin inmesine yol açan olayların anlaşılmasında önemli bir bağlam sağlar. Bu aynı zamanda Kur'an üzerinde tefekkür etmeyi de içerir ve günümüz Müslümanlarına sıkıntı ve sıkıntıların üstesinden nasıl gelineceği konusunda fikir verir.

The divine revelation was revealed to the Messenger of Allah (May the blessings and peace of Allah be upon him) at a time when the Prophet and his Ummah faced great difficulty and persecution.

Hadith provides an important context in understanding the events that led to the revelation of Quranic verses. This also includes the contemplation of the Quran and provides insight for Muslims today on how to overcome trials and tribulations

(Şeba Suresi 34:46)

De ki: Ey Peygamber, "Size tek bir şeyi tavsiye ederim: Allah için tek tek veya ikişer ikişer ayağa kalkın." **sonra yansıtın.**

(Surah Saba 34:46)

Say, O Prophet, "I advise you to do only one thing: stand up for the sake of Allah individually or in pairs— ***then reflect.***

Kur'an-ı Kerim Allah'ın kelamıdır, Resulullah'ın (Allah'ın salat ve selamı üzerine olsun) sözü değildir.

The Quran is the words of Allah and not the words of the Messenger of Allah (May the blessings and peace of Allah be upon him)

(Nahl Suresi, 16:82)

*Ama eğer yüz çevirirlerse, o zaman **Senin görevin ey Peygamber, yalnızca mesajı açıkça tebliğ etmektir.***

(Surah An-Nahl 16:82)

*But if they turn away, then **your duty O Prophet is only to deliver the message clearly***

Allah Resulü (sallallâhu aleyhi ve sellem) bir *yürüyen Kuran* Kur'an'ı hayata geçirmek için insanlığın takip edeceği en mükemmel örnektir.

Katade (Allah ondan razı olsun) şöyle haber verdi:

Aişe'ye: "Ey mü'minlerin annesi, bana Resûlullah'ın (Allah'ın selamı ve bereketi üzerine olsun) karakterini anlat" dedim.

Aişe, "Sen Kur'an'ı okumadın mı?" "Elbette" dedim. Aişe şöyle dedi: *Şüphesiz Allah Resulü'nün ahlâkı Kur'an'dı."*

Müslim'in anlattığı

Hadis-i Şerif, Resulullah (s.a.v.)'in siyeri bağlamında, onun Kur'an ayetlerini günlük hayatta pratik olarak nasıl uyguladığını görmemiz için bize bir pencere açar.

The Messenger of Allah (May the blessings and peace of Allah be upon him) was a *walking Quran* and the most perfect excellent example for mankind to follow to bring the Quran to life.

Qatadah (May Allah be pleased with him) reported:

I said to Aisha, "O mother of the believers, tell me about the character of the Messenger of Allah (May the peace and blessings of Allah be upon him)."

Aisha said, "Have you not read the Quran?" I said, "Of course." Aisha said, *"Verily, the character of the Prophet of Allah was the Quran."*

Narrated by Muslim

(Ahzab Suresi, 33:21)

Aslında, *Allah Resulü'nde sizin için güzel bir örnek var* Kim Allah'a ve ahiret gününe ümit bağlar ve Allah'ı çok zikrederse.

(Surah Al-Ahzab 33:21)

Indeed, *in the Messenger of Allah you have an excellent example* for whoever has hope in Allah and the Last Day, and remembers Allah often.

Messenger'da *(*Bakara Suresi *2:269)*

O, dilediğine hikmet verir. Ve kime hikmet verilmişse, şüphesiz büyük bir imtiyazla ihsan edilmiştir. *Ancak bunu aklı başında olanlardan başkası düşünmez.*

(Surah Al-Baqarah 2:269)

He grants wisdom to whoever He wills. And whoever is granted wisdom is certainly blessed with a great privilege. *But none will be mindful of this except people of reason.*

Cündeb bin Abdullah (Allah ondan razı olsun) şöyle anlattı:

Allah Resulü (Allah'ın selamı ve bereketi onun üzerine olsun) söz konusu, *"Yorumu ve manası konusunda mutabakata vardığınız sürece Kur'an'ı okuyun ve inceleyin.*, Ancak tefsirinde ve manasında ihtilafa düştüğünüzde, onu okumayı şimdilik bırakmalısınız.

Buhari'nin rivayet ettiği

Kuran okurken aklı kullanmaya başladığımızda Allah ilme giden yolu açar. Bu da herkesin günlük olarak kendi kişisel sıkıntı ve sıkıntılarıyla karşılaştığı sorulara cevap verebilecek Allah'ın ilahi vahyine dair yeni bir anlayış açar.

Jundab bin Abdullah (May Allah be pleased with him) narrated:

Allah's Messenger (May the peace and blessing of Allah be upon him) said, "***Recite and study the Qur'an as long as you agree as to its interpretation and meanings***, but when you have differences regarding its interpretation and meanings, then you should stop reciting it for the time being.

Narrated by Al-Bukhari

Allah opens the path to knowledge when we start using reason when reading the Quran This is turn opens a new understanding on Allahs's divine revelation which may provide answer to the questions everyone is facing daily in their own personal trials and tribulations.

Kur'an-ı Kerim'in yedi farklı şekilde okunması ile ilgili hadisler

Hadith on Reciting the Quran in seven different ways

Ömer ibn el-Hattab (Allah ondan razı olsun) şöyle demiştir: Rasulullah (sallallahu aleyhi vesellem)'in sağlığında Hişam ibn Hakim'in Furkan Suresi'ni okuduğunu duydum.

Onun kıraatini dinledim ve Resûlullah (s.a.v.)'in bana öğretmediği birçok şekilde okuduğunu fark ettim. Ben de namaz esnasında üzerine atlamak üzereydim ki, namazı bitirinceye kadar bekledim, bunun üzerine onu ya üstlüğünden ya da benim elbisemden yakaladım ve ona: "Bu sureyi okumayı sana kim öğretti?" diye sordum.

Şöyle cevap verdi: "Resûlullah (s.a.v.) bana bu duanın nasıl okunacağını öğretti." Ben de ona dedim ki: "Sen yalan söyledin! Vallahi, senin okuduğunu duyduğum bu sureyi Resûlullah (s.a.v.) bana öğretti."

Ben de onu Resûlullah (sallallahu aleyhi ve sellem)'e götürmek üzere yola çıktım. Dedim ki: "Ey Allah'ın Resulü, bu adamın Furkan Suresi'ni bana öğretmediğin şekillerde okuduğunu duydum ve sen bana onu okumayı öğrettin."

Bunun üzerine Resûlullah (s.a.v.) şöyle buyurdu: "Ya Ömer, bırak onu! Oku ey Hişam." Hişam, benim ondan duyduğum gibi onun önünde okudu.

Allah Resulü (Allah'ın selamı ve bereketi onun üzerine olsun) şöyle dedi: "Bu şekilde nazil oldu." Sonra Resûlullah (s.a.v.) şöyle buyurdu: "Oku ey Ömer!" Ben de okudum.

Peygamber (s.a.v.) şöyle buyurmuştur: "Bu şekilde nazil olmuştur."
Ve ardından şunu ekledi: *"Şüphesiz ki bu Kur'an yedi şekilde
indirilmiştir; o halde onu kolayınıza gelen şekilde okuyun."*
Buhari ve Müslim'in rivayet ettiği

Umar ibn al-Khattab (May Allah be pleased with him) reported: I
heard Hisham ibn Hakim recite Surat al-Furqan during the lifetime of
the Messenger of Allah (May Allah's peace and blessings be upon him).

I listened to his recitation and noticed that he recited it in many
ways which the Messenger of Allah (May Allah's peace and blessings
be upon him) had not taught me. So, I was about to jump upon him
during the prayer, but I waited till he finished the prayer, whereupon I
seized him by either his upper garment or mine and asked him: "Who
taught you how to recite this Surah?"

He replied: "The Messenger of Allah (May Allah's peace and
blessings be upon him) taught me how to recite it." So, I said to him:
"You have told a lie! By Allah, the Messenger of Allah (May Allah's
peace and blessings be upon him) taught me this Surah which I have
heard you recite."

So, I set forth, leading him to the Messenger of Allah (May Allah's
peace and blessings be upon him). I said: "O the Messenger of Allah,
I heard this man recite Surat al-Furqan in ways which you have not
taught me, and you taught me how to recite it."

On that, the Messenger of Allah (May Allah's peace and blessings
be upon him) said: "O Umar, let go of him! Recite, O Hisham." So
Hisham recited before him in the way I had heard him recite.

The Messenger of Allah (May Allah's peace and blessings be upon
him) said: "It was revealed like this." Then the Messenger of Allah (May
Allah's peace and blessings be upon him) said: "Recite, O Umar!" So, I
recited it.

The Prophet (May Allah's peace and blessings be upon him) said:
"It was revealed like this." And then he added: *"Indeed, this Qur'an has*

been revealed in seven different ways, so recite it in the way that is easy for you."

Narrated by Al-Bukhari as well as Muslim

Kur'an okumanın sevabı ile ilgili hadisler

Hadith on Reward for reciting the Quran

Muhammed bin Ka'b El-Kurazi (Allah ondan razı olsun) şöyle dedi:

"Abdullah bin Mesud (Allah ondan razı olsun)'u şöyle derken işittim: Rasulullah (sallallahu aleyhi vesellem) şöyle buyurdu:

"Kim Allah'ın kitabından bir harf okursa ona ondan on kat sevap verilir. Elif Lam Mim harftir demiyorum ama Elif harftir, Lam harftir, Mim de harftir.

Et-Tirmizi'nin rivayet ettiği

Muhammad bin Ka'b Al-Qurazi (May Allah be pleased with him) said:

"I heard Abdullah bin Masud (May Allah be pleased with him) saying: The Messenger of Allah (May the peace and blessings of Allah be upon him) said:

"Whoever recites a letter from Allah's Book, then he receives the reward from it, and the reward of ten the like of it. I do not say that Alif Lam Mim is a letter, but Alif is a letter, Lam is a letter and Mim is a letter.

Narrated by At-Tirmidhi

Aişe (Allah ondan razı olsun) şöyle dedi:

Peygamber (s.a.v.) şöyle buyurmuştur: "Kur'an okuyan ve onu ezberleyen kimse, cennette salih katiplerle birlikte olacaktır. *Ve Kur'an'ı ezberlemek için çaba gösteren ve onu büyük zorluklarla okuyan kimse, iki kat sevap kazanır."*

Buhari'nin rivayet ettiği

Aisha (May Allah be pleased with her) said:

The Prophet (ﷺ) said, "Such a person as recites the Quran and masters it by heart, will be with the noble righteous scribes in Heaven. *And such a person exerts himself to learn the Quran by heart, and recites it with great difficulty, will have a double reward.*"

Narrated by Al-Bukhari

Kur'an'a aykırı hadisler

Hadiths that contradict the Quran

Müslümanlar Kuran'a ilahi vahiylerin birincil ve saf kaynağı olarak saygı duyarlar. Ancak bazı hadislerin Kur'an'a aykırı olduğunu iddia edenler de var.

Hadisler genel olarak çelişkilerle doludur. Kuran'daki bir ayetle çelişen her hadis ciddiye alınmalıdır. Aşağıdaki ayette Kur'an'da hiçbir çelişkinin olmadığı bildirilmektedir. Hadislerde ise durum tam tersidir.

Muslims revere the Quran as the primary and pure source of divine revelations. There are however some that contend there are certain Hadiths that contradict the Quran.

Hadiths are generally full of contradictions. Any Hadith that contradicts a verse in the Quran should be taken seriously. The following verse states that there are no contradictions in the Quran. The opposite is true for Hadith.

(Nisa Suresi, 4:82)

Hâlâ Kur'an üzerinde düşünmüyorlar mı? Eğer o, Allah'tan başkası tarafından gelmiş olsaydı, elbette onda birçok tutarsızlıklar bulurlardı.. Aşağıdaki hadisler Kur'an'a tamamen aykırıdır. Bu çelişkiler Müslüman toplumda hadislerin Kur'an'la ilgili amacı ve gerçekliği hakkında soru işaretleri uyandırdı.

(Surah An-Nisa 4:82)

Do they not then reflect on the Quran? Had it been from anyone other than Allah, they would have certainly found in it many inconsistencies.

The following Hadiths are in complete and total contradiction of the Quran. These contradictions raised questions in the Muslim community about the purpose and authenticity of Hadith in relation to the Quran.

Taşlama ile ilgili hadis

Hadith on Stoning

(Nur Suresi *24:2*)

Zina eden kadın ve erkek fuhuş yapanların her birine yüz değnek vurun., *Eğer Allah'a ve ahiret gününe gerçekten inanıyorsanız, onlara acımanız, Allah'ın kanununu uygulama konusunda sizi hoşgörüye sevk etmesin. Mü'minlerden bir kısmı da onların azabına şahit olsun.*

(Surah An-Nur 24:2)

As for female and male fornicators, give each of them one hundred lashes, and do not let pity for them make you lenient in enforcing the law of Allah, if you truly believe in Allah and the Last Day. And let a number of believers witness their punishment.

Abdullah b. Abbas, Ömer b. Hattab, Resûlullah'ın minberinde oturuyordu. (Allah'ın selamı ve bereketi onun üzerine olsun) ve söyledi:

Şüphesiz Allah, Muhammed'i gönderdi. (Allah'ın selamı ve bereketi onun üzerine olsun) Hak olarak ona kitap indirdi ve kendisine indirilenler arasında recm ayeti de vardı.

Okuduk, hafızamızda tuttuk ve anladık. *Allah Resulü (Allah'ın selamı ve bereketi onun üzerine olsun) taşlanarak idam cezasını verdi. evli zina yapan kişiye ve zina yapan kadın* ondan sonra da taşlama cezasını verdik.

Zamanın geçmesiyle insanların bunu unutup, "Biz recm cezasını Allah'ın kitabında bulmuyoruz" demelerinden ve Allah'ın emrettiği bu görevi terk ederek dalalete düşmelerinden korkuyorum.

Recm, Allah'ın kitabında zina yapan evli erkek ve kadınlar için belirlenmiş bir görevdir. Kanıt ortaya çıktığında, hamilelik veya itiraf söz konusu olduğunda.

Müslim'in anlattığı

Abdullah b. Abbas reported that Umar b. Khattab sat on the pulpit of Allah's Messenger (May the peace and blessing of Allah be upon him) and said:

Verily Allah sent Muhammad (May the peace and blessing of Allah be upon him) with truth and He sent down the Book upon him, and the verse of stoning was included in what was sent down to him.

We recited it, retained it in our memory and understood it. *Allah's Messenger (May the peace and blessing of Allah be upon him) awarded the punishment of stoning to death to the married adulterer and adulteress* and, after him, we also awarded the punishment of stoning.

I am afraid that with the lapse of time, the people may forget it and may say: We do not find the punishment of stoning in the Book of Allah, and thus go astray by abandoning this duty prescribed by Allah.

Stoning is a duty laid down in Allah's Book for married men and women who commit adultery when proof is established, or if there is pregnancy, or a confession.

Narrated by Muslim

Kur'an aynı zamanda evli bir köle için zinanın cezasının hür evli bir kişinin cezasının yarısı kadar olduğunu da açıklamaktadır.

The Quran also clarifies the punishment for adultery for a married slave which is half of that of a free married person.

(Nisa Suresi 4:25)

Ancak sizden birinizin hür mü'min bir kadınla evlenmeye gücü yetmezse, o zaman sizden birinizin sahip olduğu mü'min bir cariyeyle evlensin. Allah, sizin ve onların imanlarının durumunu en iyi bilendir.

Siz birbirinizdensiniz. O halde, eğer iffetli iseler, fuhuş yapmıyorlarsa ve gizli ilişkilerde bulunmuyorlarsa, onları sahiplerinin izniyle, mehirlerini adaletle vererek nikahlayın.

Evlendikten sonra fuhuş yaparlarsa hür kadınların cezasının yarısı kadar alırlar.. *Bu, günaha düşmekten korkanlar içindir. Ama eğer sabrederseniz bu sizin için daha hayırlıdır. Ve Allah çok bağışlayıcıdır, çok merhametlidir.*

(Surah An-Nisa 4:25)

But if any of you cannot afford to marry a free believing woman, then let him marry a believing bondwoman possessed by one of you. Allah knows best the state of your faith and theirs.

You are from one another. So, marry them with the permission of their owners, giving them their dowry in fairness, if they are chaste, neither promiscuous nor having secret affairs.

If they commit indecency after marriage, they receive half the punishment of free women. *This is for those of you who fear falling into sin. But if you are patient, it is better for you. And Allah is All-Forgiving, Most Merciful.*

Şefaat ile ilgili hadis

Hadith on Intercession

(Zümer Suresi 39:44)

Söylemek, "*Şefaatin tamamı yalnızca Allah'a aittir.* Göklerin ve yerin mülkü O'nundur. Sonra hepiniz O'na döndürüleceksiniz.".

(Surat Az-Zumar 39:44)

Say, "*All intercession belongs to Allah alone.* To Him belongs the kingdom of the heavens and the earth. Then to Him you will all be returned.".

Abdullah b. Amr b. el-As (Allah Ondan razı olsun)'dan rivayet edildiğine göre Rasûlullah (sallallahu aleyhi vesellem) şöyle buyurmuştur:

Müezzin'i işittiğiniz zaman, onun söylediklerini tekrarlayın, sonra bana salat edin. Çünkü bana salât getiren herkese, Allah'tan on salât düşer; O halde benim için Allah'ın kullarından sadece bir tanesine yakışan cennette bir derece olan Allah'u Vesile'den dileyin, umarım o da ben olurum.

Eğer bir kimse bana Vesîle verilmesini isterse, şefaatimden emin olacaktır.

Müslim'in anlattığı

Abdullah b. Amr b. al-As (May Allah be pleased with him) reported Allah's Messenger (May the peace and blessings of Allah be upon him) saying:

When you hear the Mu'adhdhin, repeat what he says, then invoke a blessing on me, for everyone who invokes a blessing on me will receive ten blessings from Allah; then beg from Allah al-Wasila for me, which is a rank in Paradise fitting for only one of Allah's servants, and I hope that I may be that one.

If anyone asks that I be given the Wasila, he will be assured of my intercession.

Narrated by Muslim

Suyun fışkırması ile ilgili hadis

Hadith on Water Gushing
(El-İsra *17:90-93*)

*Peygamber'e meydan okuyorlar. "**Yerden bizim için bir pınar fışkırtmadıkça sana asla inanmayacağız.**, Veya hurmalıklardan ve üzüm bağlarından oluşan bir bahçeniz olsun ve içinden ırmaklar aksın. Veya iddia ettiğiniz gibi üzerimize gökten parça parça düşürün, veya Allah'ı ve melekleri önümüze getirin, veya altından bir eviniz oluncaya kadar veya göğe çıkın; o zaman da biz asla bunu yapmayız. Bize okuyabileceğimiz bir kitap indirinceye kadar miracına iman et." Söylemek, "**Rabbim hamd olsun! Ben yalnızca bir insan elçi değil miyim?***

(Surat Al-Isra 17: 90-93)

*They challenge the Prophet, "**We will never believe in you until you cause a spring to gush forth from the earth for us,** or until you have a garden of palm trees and vineyards, and cause rivers to flow abundantly in it, or cause the sky to fall upon us in pieces, as you have claimed, or bring Allah and the angels before us, face to face or until you have a house of gold, or you ascend into heaven—and even then, we will not believe in your ascension until you bring down to us a book that we can read." Say,* **"Glory be to my Lord! Am I not only a human messenger?**

Salim bin Ebî Ac-Ced (Allah ondan razı olsun) şöyle anlatıyor:

Cabir bin Abdullah şöyle demiştir: "Hudeybiye (Antlaşma) günü halk çok susamıştı. Peygamber Efendimiz (s.a.v.)'in önünde içinde biraz su bulunan küçük bir kap vardı ve o da oradaydı. Abdesti bitirince halk ona doğru koştu.

"Senin derdin ne?" diye sordu. Onlar, "Önünüzde bulunandan başka ne abdest alacak, ne de içecek suyumuz yok" dediler. *Bunun üzerine elini o tencereye koydu ve su parmaklarının arasından pınar gibi akmaya başladı.*

Hepimiz ondan içtik ve abdest aldık." Cabir'e "Kaç kişiydiniz?" diye sordum. "Yüz bin de olsak bize yeterdi ama bin beş yüz kişiydik" diye cevap verdi.

Buhari'nin rivayet ettiği

Salim bin Abi Aj-Jad (May Allah be pleased with him) narrated:

Jabir bin Abdullah said, "The people became very thirsty on the day of Al-Hudaibiya (Treaty). A small pot containing some water was in front of the Prophet (May the peace and blessing of Allah be upon him) and when he had finished the ablution, the people rushed towards him.

He asked, "What is wrong with you?" They replied, "We have no water either for performing ablution or for drinking except what is present in front of you." *So, he placed his hand in that pot and the water started flowing among his fingers like springs.*

We all drank and performed ablution from it." I asked Jabir, "How many were you?" he replied, "Even if we had been one hundred thousand, it would have been sufficient for us, but we were fifteen hundred."

Narrated by Al- Bukhari

Akılla İlgili Hadis

Hadith on Reason

(Enfal Suresi *8:22*)

Şüphesiz Allah katında varlıkların en kötüsü, *bilerek sağır ve dilsiz, anlamayanlar.*

(Surah Al- Anfal 8:22)

Indeed, the worst of all beings in the sight of Allah are the *willfully deaf and dumb, who do not understand.*

Cündub (Allah ondan razı olsun) şöyle anlattı:

Peygamber Efendimiz (Allah'ın selamı ve bereketi onun üzerine olsun) şöyle buyurmuştur:: *Kim Allah'ın Kitabı'nı kendi görüşüne göre yorumluyorsa, haklı da olsa yanılmış olur.*

Ebu Davud'un rivayet ettiği

Jundub (May Allah be pleased with him) narrated:

The Prophet (May the peace and blessings of Allah be upon him) said: *If anyone interprets the Book of Allah in the light of his opinion even if he is right, he has erred.*

Narrated by Abu Dawud

İrtidat ile ilgili hadisler

Hadith on Apostasy

Kur'an-ı Kerim, dini inançlardan vazgeçmenin dünyada herhangi bir cezasından söz etmemekte, bunu ahirete ertelemektedir.

The Quran does not mention any punishment on earth for the renouncing of religious beliefs but rather postpones it to the afterlife
(Nisa Suresi, 4:136-137)

Ey inananlar! Allah'a, Resulüne, Resulüne indirdiği Kitab'a ve daha önce indirdiği kitaplara iman edin. *Kim Allah'ı, meleklerini, kitaplarını, peygamberlerini ve ahiret gününü inkar ederse, şüphesiz uzak bir sapıklığa düşmüş olur.*

Doğrusu iman edenlerin, sonra inkar edenlerin, sonra iman edenlerin ve tekrar inkar edenlerin küfrü daha da arttı.. Allah onları ne bağışlayacak ne de doğru yola iletecektir.

(Surah An-Nisa 4: 136-137)

O believers! Have faith in Allah, His Messenger, the Book He has revealed to His Messenger, and the Scriptures He revealed before. *Indeed, whoever denies Allah, His angels, His Books, His messengers, and the Last Day has clearly gone far astray. Indeed, those who believed then disbelieved, then believed and again disbelieved only increasing in disbelief.* Allah will neither forgive them nor guide them to the Right Way.

İkrime (Allah ondan razı olsun) şöyle anlattı:

Ali bazı insanları yaktı ve bu haber İbn Abbas'a ulaştı; o da şöyle dedi: "Onun yerinde olsaydım, Peygamber Efendimiz gibi onları yakmazdım." (Allah'ın selamı ve bereketi onun üzerine olsun) söz konusu,

"Kimseyi Allah'ın azabıyla cezalandırma." Peygamber uğruna şüphesiz onları öldürürdüm. (Allah'ın selamı ve bereketi onun üzerine olsun) söz konusu, *"Kim (Müslüman) dininden dönerse onu öldürün."*

Buhari'nin rivayet ettiği

Ikrima (May Allah be pleased with him) narrated:

Ali burnt some people and this news reached Ibn Abbas, who said, "Had I been in his place I would not have burnt them, as the Prophet (May the peace and blessing of Allah be upon him) said,

"Don't punish anybody with Allah's Punishment." No doubt, I would have killed them, for the Prophet (May the peace and blessing of Allah be upon him) said, *"If somebody (a Muslim) discards his religion, kill him."*

Narrated by Al- Bukhari

BÖLÜM DÖRT

Kur'an'dan başka vahiy

CHAPTER FOUR
Revelation other than the Quran

(Maide Suresi 5:92)

Allah'a itaat edin, Peygamber'e itaat edin ve sakının! Eğer yüz çevirirseniz bilin ki, Resûlümüzün görevi yalnızca mesajı açıkça tebliğ etmektir.

(Surah Al-Ma'idah 5:92)

Obey Allah and obey the Messenger and beware! *But if you turn away, then know that Our Messenger's duty is only to deliver the clearly message.*

(Hakka Suresi **69:44-47**)

Eğer Peygamber bizim adımıza bir şey uydursaydı, **Biz onu elbette sağ elinden yakalar, sonra aort damarını keserdik.,** *Sizden hiçbiriniz onu Bizden koruyamazdınız!*

Allah, Peygamberine itaat etmemizi emrediyor ve eğer Allah adına bir şeyler uydurursa öleceğini bildiriyor.

(Surah Al-Haqqa 69: 44-47)

Had the Messenger made up something in Our Name, **We would have certainly seized him by his right hand, then severed his aorta,** *and none of you could have shielded him from Us!*

Allah commands us to obey the Messenger and warns that if he made up anything in Allah's name he would die.

(Cin Suresi 72:26-28)

O, gaybı bilendir ve seçtiği elçilerden başkasına hiçbir şeyi açıklamaz. Sonra elçilerin işlerini yapmalarını sağlamak için önlerine ve arkalarına koruyucu melekler atar. Rablerinin mesajlarını tam olarak tebliğ edin; halbuki O, onların her şeyini biliyor ve her şeyin hesabını tutuyor."

Yukarıdaki ayet, Allah'ın, kitaplarını vahyettiğinin yanı sıra, elçilerine de mesajlar vahyettiğine dikkat çekmektedir.

Allah'ın ilahi vahiyleri, Resulullah (s.a.v.)'in sünnetini ifade etmektedir.

Resûlullah (sallallahu aleyhi ve sellem)'e Kur'an'da belirtilmeyen başka vahiyler de geldi. Aşağıdaki ayetler Kur'an dışındaki vahiyleri açıkça ispat etmekte ve hadisleri reddeden herkese delil teşkil etmektedir.

(Surah Al-Jinn 72:26-28)

He is the Knower of the unseen, disclosing none of it to anyone, except messengers of His choice. *Then He appoints angel-guards before and behind them to ensure that the messengers fully deliver the messages of their Lord—though He already knows all about them, and keeps account of everything."*

The above verse highlights the fact that Allah besides revealing the Scriptures also revealed messages to the Messengers.

The divine revelations of Allah speak to the Sunnah of the Messenger of Allah (May the blessings and peace of Allah be upon him)

The Messenger of Allah (May the peace and blessings of Allah be upon him) received other Revelations that are not mentioned in the Quran. The following verses clearly proves Revelations other than the Quran and provides evidence to anyone who rejects Hadith.

Peygamberimizin Eşleri

The Prophet's Wives

(Tahrim Suresi **66:3**)

Peygamber'in bir defasında hanımlarından birine bir sırrını açıkladığını, sonra onun bunu başka bir eşine açıkladığını hatırlayın. **Allah bunu ona bildirdi,** *ifşa edilenlerin bir kısmını ona sundu ve bir kısmını gözden kaçırdı*

*Bunu kendisine haber verdiğinde, "Bunu sana kim söyledi?" diye bağırdı. O cevapladı, "**Her şeyi bilen, her şeyden haberdar olan Allah bana haber verdi..**"*

Yukarıdaki ayet şunu gösteriyor *Allah, Peygamberimize vahyi Kur'an'dan ayrı olarak vermiştir.* Bu durum Peygamber Efendimiz'e, güvendiği eşlerinden birinin bu bilgiyi başka bir eşine açıklamasıyla ortaya çıkmıştır. *Kur'an'da Allah'ın Peygamberimize karısının ifşasını haber verdiği başka bir ayet yoktur..* Bu, Peygamber'in Kur'an'dan bağımsız olarak Allah'tan vahiy aldığı anlamına gelir.

(Surah At-Tahrim 66:3)

*Remember when the Prophet had once confided something to one of his wives, then when she disclosed it to another wife and **Allah made it known to him**, he presented to her part of what was disclosed and overlooked a part*

*So, when he informed her of it, she exclaimed, "Who told you this?" He replied, "**I was informed by the All-Knowing, All-Aware.**"*

The above verse indicates that **Allah gave the Prophet revelation separately from the Quran.** This was revealed to the Prophet when one of his wives whom he confided in disclosed the information to another wife. ***There is no other verse in the Quran where Allah informs the Prophet about his wife's disclosure to the other***. This means that the Prophet received revelation from Allah independent from the Quran.

Üç Bin Melek

Three Thousand Angels
(Ali İmran Suresi, 3:124)

Hatırla ey Peygamber, sen mü'minlere şöyle demiştin: "Yeterli değil mi?
Rabbin sana yardım için üç bin melek gönderecek mi?"

Sorulması gereken soru şu ***"Allah müminlere üç bin melekle takviye edeceğini Kur'an'ın neresinde söylüyor?"*** Kur'an'da böyle bir ayet yoktur. Yukarıdaki ayet, Peygamberimizin Kur'an'dan ayrı olarak Allah'tan başka bir vahiy aldığını ispat etmektedir.

(Surah Ali Imran 3: 124)

*Remember, O Prophet, when you said to the believers, "Is it not enough that **your Lord will send down a reinforcement of three thousand angels for your aid?"***

The question that needs to be asked is ***"Where did Allah say in the Quran He will reinforce the believers with three thousand angels?"*** There is no such verse in the Quran. The above verse proves that the Prophet received another revelation from Allah separate from the Quran.

Oruçtan önceki gece yakınlaşmanın caizliği

Permissibility of Intimacy on the night before the Fast

(Bakara Suresi, 2:187)

Oruçtan önceki gecelerde hanımlarınızla yakınlaşmanız caiz .kılındı.. Eşleriniz sizin için olduğu gibi, siz de onlar için bir elbisedir Allah sizin kendinizi aldattığınızı biliyor. Böylece tövbenizi kabul etti ve sizi bağışladı. Artık onlarla yakınlaşın ve Allah'ın sizin için yazdığı şeyleri arayın.

Yukarıdaki ayet, Allah'ın sizin kendinizi aldattığınızı bildiğini ve oruçtan önceki gecelerde hanımlarınızla yakınlaşmanızı size helal kıldığını bildirmektedir.

Kur'an'da Allah'ın oruçtan önceki gece mahremiyete izin verilmediğini söyleyen bir emri yoktur. Yukarıdaki ayet aynı zamanda Hz. Peygamber'in Kur'an'da belirtilmeyen vahyi Allah'tan aldığını da ispat etmektedir.

(Surah Al-Baqarah 2:187)

It has been made permissible for you to be intimate with your wives during the nights preceding the fast. Your spouses are a garment for you as you are for them.

Allah knows that you were deceiving yourselves. So, He has accepted your repentance and pardoned you. So now you may be intimate with them and seek what Allah has prescribed for you.

The above verse reveals that Allah knows that you are deceiving yourselves and has now made it permissible for you to be intimate with your wives during the nights preceding the fast.

There is no first command in the Quran that Allah said that you are not allowed to be intimate during the night preceding the fast. The above verse proves that the Prophet received revelation from Allah not mentioned in the Quran.

Kıble yönü değişikliği

Change of direction of Qibla
(Bakara Suresi 2:143-144)

İşte böylece, insanlığa şahitler olasınız ve Elçi de size şahit olsun diye, sizi iman eden doğru bir ümmet kıldık.

Önceki dua yönünüzü belirledik *sadece Resul'e sadık kalanları imanını kaybedenlerden ayırmak için.*

Şüphesiz biz seni yüzünü göğe çevirmiş halde görüyoruz ey Peygamber. ***Artık sizi memnun edeceğiniz bir ibadet yönüne yönelteceğiz.***

O halde, yüzünü Mekke'deki Mescid-i Haram'a çevir; nerede olursan ol, yüzlerini ona çevir. *Kendilerine kitap verilenler, bunun Rablerinden gelen bir gerçek olduğunu elbette bilirler. Ve Allah onların yaptıklarından asla habersiz değildir.*

Ayet kıblenin değiştiğine işaret ediyor. Yeni kıble Kudüs'ten Mescid-i Haram'a taşındı. ***Kudüs'e yönelmenin orijinal emri Kur'an'da bulunmuyor.***

Sorulması gereken soru şudur: "Ahirette emir bulunmadığına göre, Resûlullah (s.a.v.) ilk kıblenin nerede olduğunu nereden biliyordu?" Kur'an?" Ayrıca birde şu var ***Kur'an'da ilk kıblenin tanımı veya Mekke'den önce başka bir kıbleye uyma emri yoktur.***

(Surah Al-Baqarah 2:143-144)

And so, We have made you believers an upright community so that you may be witnesses over humanity and that the Messenger may be a witness over you.

We assigned your former direction of prayer only to distinguish those who would remain faithful to the Messenger from those who would lose faith.

Indeed, We see you O Prophet turning your face towards heaven. **Now We will make you turn towards a direction of prayer that will please you.**

So, turn your face towards the Sacred Mosque in Mecca—wherever you are, turn your faces towards it. *Those who were given the Scripture certainly know this to be the truth from their Lord. And Allah is never unaware of what they do.*

The verse reflects there was a shift in Qibla. The new Qibla moved from Jerusalem to Masjid al-Haram. **The original command to face Jerusalem is not found in the Quran.**

The question that needs to be asked is "How did the Messenger of Allah (May the peace and blessings of Allah be upon him) know where the first Qibla was as there is no command in the Quran?" There is also **no description of the first Qibla or a command to follow a different Qibla before Mecca in the Quran.**

Hikmet (Bilgelik)

The Hikmah (Wisdom)

(Bakara Suresi 2: 129)

*Efendimiz! İçlerinden kendilerine senin âyetlerini okuyacak bir elçi gönder., **Onlara kitabı ve hikmeti öğretin.** ve onları arındırın. Şüphesiz sen, mutlak galipsin, hikmet sahibisin.*

(Nahl Suresi, 16:44)

Biz onları apaçık delillerle ve ilahi kitaplarla gönderdik.. İnsanlara, kendilerine indirileni açıklaman için sana da zikri indirdik, umulur ki onlar da düşünürler.

Peygamber'in müminlere Kur'an'dan başka bir şey öğretmesi gerektiğinden Hikmet Kur'an değildir. *Peygamber'e, insanların düşünebilmeleri için sünneti açıklamakla görevlendirilmiştir. Bu nedenle Hikmet Peygamber Efendimizin sünnetidir.*

(Surah Al-Baqarah 2:129)

*Our Lord! Raise from among them a messenger who will recite to them Your revelations, **teach them the Book and wisdom,** and purify them. Indeed, You alone are the Almighty, All-Wise.*

(Surah An-Nahl 16:44)

*We sent them with clear proofs and divine Books. **And We have sent down to you O Prophet the Reminder, so that you may explain to people what has been revealed for them, and perhaps they will reflect.***

The Hikmah is not the Quran as the Prophet needs to teach the believers something other than the Quran. **The Prophet was informed to explain to people the Sunnah so that they can reflect. The Hikmah is therefore the Sunnah of the Prophet.**

BEŞİNCİ BÖLÜM

Peygamberler ve Elçiler

CHAPTER FIVE

Prophets and Messengers

(Al-i İmran Suresi 3: 81)

Ne zaman olduğunu hatırla Allah, peygamberlerle şöyle bir antlaşma yapmıştır: "Madem ki size kitabı ve hikmeti verdim., Eğer size, yanınızdakileri tasdik eden bir elçi gelirse, ona iman etmeli ve onu desteklemelisiniz."

"Bu ahdi tasdik ediyor ve bu taahhüdü kabul ediyor musun?" diye ekledi. Dediler, *"Evet yaparız.*Allah, "Öyleyse şahit olun, ben de şahidim" buyurdu..

(Surah Al Imran 3:81)

Remember when Allah made a covenant with the Prophets saying "Now that I have given you the Book and wisdom, if there comes to you a Messenger confirming what you have, you must believe in him and support him."

He added, "Do you affirm this covenant and accept this commitment?" They said, "Yes, we do." Allah said, "Then bear witness, and I too am a Witness.".

Ayet-i kerimede Peygamberlerin (Nebilerin) Allah'ın yeni kitaplarla görevlendirilmiş elçileri (Resulleri) olduğu bildirilmektedir. Elçiler ise peygamber değildirler, mevcut kutsal yazıları tasdik ederler ve ilahi mesajı insanlara iletirler.

Allah, Kur'an'da yirmi beş Peygamberden bahseder, ancak birçok Müslüman arasındaki fikir birliği, Allah'ın bahsetmediği başka Peygamberlerin de olduğu yönündedir. İslam, Adem, İbrahim (İbrahim), İsmail (İsmail), Musa (Musa), Davud (Davud), İsa (İsa) ve Muhammed'i beş büyük Peygamber olarak tanır.

Allah'ın Kur'an'da iki farklı ayette Peygamberlerden ve Elçilerden bahsetmesi nedeniyle, Allah'ın Peygamberleri ve Elçileri farklı işlevlere sahipti. Allah peygamberler arasında ayrım yapmamamızı emretmektedir.

The verse informs us that Prophets (Nabi) are Messengers (Rasul) of Allah who are entrusted with new scriptures. Messengers on the other hand are not Prophets but confirm the existing scriptures and deliver the divine message to the people.

Allah mentions twenty-five Prophets in the Quran but the consensus amongst many Muslims is that there were also other Prophets Allah did not mention. Islam recognises Adam, Ebrahim (Abraham), Isma'il (Ishmael), Musa (Moses), Dawud (David), Isa (Jesus) and Muhammad as the five great Prophets.

The Prophets and Messengers of Allah had different functions as Allah mentions the Prophets and Messenger in two distinct different verses in the Quran. Allah commands us not to make a distinction between the Prophets.

(Bakara Suresi 2:136)

De ki: Ey iman edenler: Biz, Allah'a ve bize indirilene iman ettik; İbrahim'e, İsmail'e, İshak'a, Yakup'a ve torunlarına indirilenler; Musa'ya, İsa'ya ve diğer peygamberlere Rableri tarafından verilenler. Hiçbiri arasında ayrım yapmıyoruz. Ve Hepimiz Allah'a teslim oluyoruz."

(Surah Al-Baqarah 2:136)

Say, O believers, "We believe in Allah and what has been revealed to us; and what was revealed to Abraham, Ishmael, Isaac, Jacob, and his descendants; and what was given to Moses, Jesus, and other prophets from *their Lord. **We make no distinction between any of them. And to Allah we all submit.**"*

(Ali İmran Suresi *3:84*)

*De ki: Ey Peygamber, "Biz Allah'a, bize indirilene, İbrahim'e, İsmail'e, İshak'a, Yakub'a ve torunlarına indirilene iman ettik; Musa'ya, İsa'ya ve diğer peygamberlere Rableri tarafından verilenler...**hiçbiri arasında ayrım yapmıyoruz,** Ve Biz O'na tamamen teslim olduk."*

Allah bir başka ayette de peygamberler arasında ayrım yapılmamasını emretmektedir.

(Surah Ali Imran 3:84)

*Say, O Prophet, "We believe in Allah and what has been revealed to us and what was revealed to Abraham, Ishmael, Isaac, Jacob, and his descendants; and what was given to Moses, Jesus, and other prophets from their Lord—**we make no distinction between any of them,** and to Him we fully submit."*

Allah in another verse also commands us not to make a distinction between the Messengers.

(Bakara Suresi *2:285*)

*Peygamber, Rabbinden kendisine indirilene kesin olarak iman etti, müminler de. Hepsi Allah'a, meleklerine, kitaplarına ve elçilerine inanırlar. Onlar ilan ediyorlar, "**O'nun elçilerinden hiçbiri arasında ayrım yapmayız.**"*

*Ve dediler ki: "İşittik ve itaat ettik. Senden bağışlanma dileriz, Rabbimiz! Ve son dönüş yalnızca Sanadır. **Allah'a ve O'nun elçilerine -hepsini kabul edenlere- iman edenler; Hiçbirini reddetmeyen; elbette onlara mükâfatlarını verecektir.**. Ve Allah çok bağışlayıcıdır, çok merhametlidir.*

Allah, Peygamberlerin ve Resullerin sorumluluklarını açıklayarak, Peygamberler ve Elçiler söz konusu olduğunda insanlığın Kur'an ayetlerinin bağlamını anlamasını istemektedir. ***Allah bir sonraki ayette Peygamber ve Peygamber'i ayrı ayrı anarak bu hususu pekiştirmektedir.***

(Surah Al-Baqarah 2:285)

*The Messenger firmly believes in what has been revealed to him from his Lord, and so do the believers. They all believe in Allah, His angels, His Books, and His messengers. They proclaim, **"We make no distinction between any of His messengers."***

*And they say, "We hear and obey. We seek Your forgiveness, our Lord! And to You alone is the final return. **As for those who believe in Allah and His messengers—accepting all; rejecting none—He will surely give them their rewards.** And Allah is All-Forgiving, Most Merciful.*

Allah clarifies the responsibility of the Prophets and Messengers and wants mankind to understand the context of the Quranic verses when it comes to the Prophets and the Messengers. ***Allah reinforces this point by mentioning the Messenger and Prophet separately in the following verse.***

(Hac Suresi 22:52)

Ne zaman bir elçi veya peygamber göndersek *Ey Peygamber, senden ve âyetlerimizi okumadan önce şeytan, insanların onun okunuşunu anlamalarını etkilerdi.*

Ama sonunda Allah şeytanın etkisini ortadan kaldıracaktır. O zaman Allah, âyetlerini sağlam bir şekilde sabit kılacaktır. Allah her şeyi bilendir, hikmet sahibidir.

Her Nebi (Nebi) bir Elçidir (Rasul) ama her Elçi bir Peygamber değildir. ***Allah, Muhammed'in peygamberlerin mührü olduğunu değil, peygamberlerin mührü olduğunu söylemiştir.***

(Surah Al-Hajj 22:52)

Whenever We sent a Messenger or a Prophet *before you O Prophet and he recited Our revelations, Satan would influence people's understanding of his recitation.*

But eventually Allah would eliminate Satan's influence. Then Allah would firmly establish His revelations. And Allah is All-Knowing, All-Wise.

105

Every Prophet (Nabi) is a Messenger (Rasul) but not every Messenger is a Prophet. ***Allah did not say Muhammad is the seal of the Messengers but rather the seal of the Prophets.***

((Ahzab Suresi 33:40)

Muhammed sizin erkeklerinizden hiçbirinin babası değildir. ***fakat Allah'ın Resulü ve Peygamberlerin mührüdür.*** Ve Allah, her şeyi tam olarak bilendir.

Her Peygamberin Elçi olduğunu, ancak her Elçinin Peygamber olmadığını Kur'an'dan öğreniyoruz. Allah, Musa (Tevrat), Davud (Mezmurlar), İsa (İncil) ve Muhammed (Kuran) gibi peygamberleri ilahi vahiyleri tasdik etmek ve iletmek için göndermiştir.

Kur'an-ı Kerim, Allah'ın insanlığa indirdiği son kitaptır, Muhammed ise peygamberlerin mührüdür..

(Surah Al-Ahzab 33:40)

Muhammad is not the father of any of your men, ***but is the Messenger of Allah and the seal of the Prophets.*** And Allah has perfect knowledge of all things.

We learn from the Quran that every Prophet is a Messenger but not every Messenger is a Prophet. Allah sent Prophets like Moses (Torah), David (Psalms), Jesus (Injeel) and Muhammad (Quran) to affirm and deliver divine revelations.

The Quran is the final scripture Allah sent down to mankind as Muhammad is the seal of the Prophets.

(Al-i İmran Suresi 3:3)

O, sana, kendinden öncekileri tasdik edici olarak hak olarak kitabı indirdi ey Peygamber. ***Tevrat'ı ve İncil'i indirdi.***

Elçiler'e yeni bir kutsal metin sunmadan tamamlamaları için belirli görevler verildi. Bu nedenle elçiler, peygamberlerin sayısından fazladır. Allah'ın Kur'an'da bütün peygamberlerin isimlerini saymasına gerek yoktu.

(Surah Ali Imran 3:3)

He has revealed to you O Prophet the Book in truth, confirming what came before it, as *He revealed the Torah and the Gospel.*

The Messengers were given specific functions to complete without delivering a new scripture. The Messengers therefore exceed the number of Prophets. Allah did not need to name all the Messengers in the Quran.

(Mümin Suresi 40:34)

*Yusuf daha önce size apaçık delillerle gelmişti, fakat siz onun size getirdiği şeyden şüphe etmekten hiç vazgeçmemiştiniz. **O öldüğünde şöyle demiştin: "Allah ondan sonra asla elçi göndermez..** "Allah, her haddi aşan ve şüpheciyi işte böyle sapıklıkta bırakır.*

Kur'an-ı Kerim'de, Yusuf'un ölümünden sonra Allah'ın bir daha elçi göndermeyeceğini söyleyen kavim ve kavimlerin inançsızlık ve şüpheleri anlatılmaktadır. Yusuf'un son elçi olduğunu sanıyorlardı.

Allah Resulü'nün ümmeti, Allah'ın elçi gönderdiği son ümmet değildi. Aşağıdaki ayetler bu gerçeğe işaret etmektedir.

(Surah Ghafir 40:34)

*Joseph already came to you earlier with clear proofs, yet you never ceased to doubt what he came to you with. **When he died you said, "Allah will never send a messenger after him."** This is how Allah leaves every transgressor and doubter to stray.*

The Quran mentions the disbelief and doubt of nations and tribes who say Allah will never send another Messenger after Joseph died. They thought that Joseph was the last Messenger.

The Ummah of the Messenger of Allah was not the last nation that Allah sent a Messenger. The following verses is implicit regarding this fact.

((Nisa Suresi, 4:164)

Sana hikayelerini anlattığımız elçiler de var, anlatmadığımız başkaları da var.. Ve Allah Musa ile doğrudan konuştu
(Surah An-Nisa 4: 164)

There are messengers whose stories We have told you already and others We have not. And to Moses Allah spoke directly.
(Yunus Suresi **10:47**)

Ve her millet için bir elçi vardır. Elçileri geldikten sonra haklarında adaletle hüküm verilir ve onlara haksızlık edilmez.

Allah kıyamete kadar bütün milletlere hitap eder O'nun ilahi rehberliğini almak için yeryüzündeki her millete Elçiler gönderilecek.

Bu ayet aynı zamanda elçilerin Allah'ın mesajını tebliğ ederken hayatta olduklarını da bildirmektedir. Bu durum, Muhammed'in Allah'ın son elçisi olduğu iddiasıyla çelişmektedir.

(Surah Yunus 10:47)

And for every nation there is a messenger. After their messenger has come, judgment is passed on them in all fairness, and they are not wronged.

Allah addresses all nations until eternity where Messengers will be sent to every nation on Earth to receive His divine guidance.

This verse also states that the Messengers are alive when delivering Allah's message. This contradicts the contention that Muhammad was the last Messenger of Allah

(Ahkaf Suresi 46:9)

Söylemek, "**Ben gönderilen ilk haberci değilim, bana ya da sana ne olacağını da bilmiyorum.**. Ben ancak bana vahyedilene uyuyorum. Ve ben ancak apaçık bir uyarıyla gönderildim."

(Surah Al-Ahqaf 46:9)

Say, "*I am not the first messenger ever sent, nor do I know what will happen to me or you. I only follow what is revealed to me. And I am only sent with a clear warning.*"

ALTINCI BÖLÜM

Allah'ın Bir Kitabı

CHAPTER SIX
Allahs One Book

Kuran, İncil ve Tevrat'ın hepsi ilahi vahiy olarak kabul edilir; her biri benzersiz anlatılar, öğretiler içerir ve tevhit konusunda ortak bir inancı paylaşır.

Allah'ın son kitabı olduğuna inanılan Kur'an-ı Kerim onaylıyor İncil ve Tevrat'ın ilahi vahiyleri. Kur'an aynı zamanda müminlere, farklı peygamberlerle ilişkilendirilmiş ve farklı dillerde indirilmiş olsalar bile bu kutsal kitaplara saygı duymalarını emreder.

Kur'an-ı Kerim'in Arapça, İncil'in Yunanca ve Tevrat'ın İbranice olduğu rivayet ve öğretiler, kendi dini gelenekleri çerçevesinde anlaşılmış ve yorumlanmıştır.

The Quran, Gospel and Torah are all considered divine revelations, each containing unique narratives, teachings and sharing a common belief in monotheism.

The Quran which is believed to be the final scripture from Allah affirms the divine revelations of the Gospel and Torah. The Quran also instructs the believers to respect these scriptures even though they were associated with different Prophets and revealed in different languages.

The narratives and teachings which were Arabic for the Quran, Greek for the Gospels and Hebrew for the Torah were understood and interpreted within the context of their respective religious traditions.

Allah'ın indirdiğiyle hükmetmeyenler hakkında Allah üç hüküm verir. Birincisi kâfir olmaları, ikincisi zalimler, üçüncüsü ise haddi aşanlardır.

Allah issues three judgments against those who do not judge in accordance by what Allah has revealed. The first is that they are unbelievers, the second are wrong-doers and the third are transgressors.

(Maide Suresi 5:44-47)

Gerçekten biz, içinde hidayet ve nur bulunan Tevrat'ı indirdik. *Kendilerini Allah'a teslim eden peygamberlerin Yahudiler hakkında hüküm vermeleri.*

Hahamlar ve alimler de kendilerine emanet edilen ve koruyucuları olarak görevlendirildikleri Allah'ın kitabına göre hüküm veriyorlardı. O halde insanlardan korkmayın; benden kork! Ne de vahiylerimi geçici bir kazançla takas etme. Allah'ın indirdiğiyle hükmetmeyenler, gerçek kâfirlerin ta kendileridir.

Ayet, Yahudilerin hidayet ve nur içeren Tevrat'a uymaları gerektiğini vurgulamaktadır.

Tevrat'ta onlara farz kıldık, "Cana can, göze göz, buruna burun, kulağa kulak, dişe diş; yaralara karşılık eşit misillemedir." Kim de hayırla vazgeçerse, bu onlara kefaret olur.. Ve bunlar Allah'ın indirdiğiyle hükmetmeyenler, gerçekten zalimlerin ta kendileridir. Sonra peygamberlerin izinden giderek, Meryem oğlu İsa'yı, kendisinden önce indirilen Tevrat'ı doğrulayıcı olarak gönderdik. Biz ona, içinde hidayet ve nur bulunan, Tevrat'ta indirilenleri tasdik eden İncil'i verdik.— Allah'tan korkanlar için bir rehber ve bir derstir.

Allah, Hıristiyanlara İncil'e uymalarını bildirdiği gibi, Tevrat'taki ayetleri de teyit etmektedir. Allah, Hıristiyanların Kuran'a uymaları gerektiğini söylemiyor.

O halde İncil ehli, Allah'ın onda indirdiğiyle hükmetsin.. Ve olanlar Allah'ın indirdikleriyle hükmetmeyin; onlar gerçekten fasıklardır.

Peygamberler kendilerinden önce gelen hiçbir peygamberi yalanlamamışlardır.. *Her Peygamber, seleflerinin mesajlarını tasdik etmiştir.*. Allah, peygamberlere gönderdiği önceki tüm kutsal kitapları destekler ve geçerli kılar..

(Surah Al-Ma'idah 5:44-47)

Indeed, We revealed the Torah, containing guidance and light, *by which the prophets, who submitted themselves to Allah, made judgments for Jews.*

So too did the rabbis and scholars judge according to Allah's Book, with which they were entrusted and of which they were made keepers. So, do not fear the people; fear Me! Nor trade my revelations for a fleeting gain. **And those who do not judge by what Allah has revealed are truly the disbelievers.**

The verse highlights that the Jews must follow the Torah which contains guidance and light.

We ordained for them in the Torah, *"A life for a life, an eye for an eye, a nose for a nose, an ear for an ear, a tooth for a tooth—and for wounds equal retaliation." But whoever waives it charitably, it will be atonement for them.* **And those who do not judge by what Allah has revealed are truly the wrongdoers.**

Then in the footsteps of the prophets, We sent Jesus, son of Mary, confirming the Torah revealed before him. **And We gave him the Gospel containing guidance and light and confirming what was revealed in the Torah**—*a guide and a lesson to the God-fearing.*

Allah is telling the Christians to follow the Gospel and also confirms the revelations in the Torah. Allah does not mention that the Christians must follow the Quran.

So, let the people of the Gospel judge by what Allah has revealed in it. **And those who do not judge by what Allah has revealed are truly the rebellious.**

The Prophets never denied any other Prophet that came before them. **Each Prophet confirmed the messages of their predecessors.** Allah supports and validates all the preceding Scriptures He sent to the Prophets.

(Nisa Suresi, 4:136)

*Ey inananlar! Allah'a, Peygamberine, Peygamberine indirdiği kitaba iman edin. **ve daha önce indirdiği kitaplar.** Kim Allah'ı, meleklerini, kitaplarını, peygamberlerini ve ahiret gününü inkar ederse, açıkça sapıklığa düşmüş olur..*

PEYGAMBER (ALLAH'IN selamı ve bereketi onun üzerine olsun) Tevrat ve İncil ayetlerini açıklamak için geldi. ***Allah müminlere, daha önce indirdiği kitaplara inanmalarını emretmektedir.*** Ancak Tevrat ve İncil'e inanmadığı için Allah'ın emrine uymayan Müslümanlar da vardır.

(Surah An-Nisa 4:136)

*O believers! **Have faith in Allah, His Messenger, the Book He has revealed to His Messenger, and the Scriptures He revealed before.** Indeed, whoever denies Allah, His angels, His Books, His messengers, and the Last Day has clearly gone far astray.*

The Prophet (May the peace and blessings of Allah be upon him) came to clarify the verses of the Torah and the Gospel. ***Allah commands the believers to believe in the Scriptures He sent before.*** There are however Muslims that do not follow Allah's command as they don't believe in the Torah and Gospel.

*(Ankebut Suresi **29:46**)*

İçlerinden zulmedenler hariç, kitap ehliyle, güzel bir şekilde olmadıkça tartışmayın. Ve söylemek, ***"Biz, bize indirilene ve sana indirilene iman ettik. Bizim ilahımız ve sizin ilahınız tektir. Ve biz O'na tamamen teslim olduk."***

Allah müminlere kitap ehliyle tartışmamalarını ve onların kitaplarına saygı göstermelerini emretmektedir. ***Tvaris Tanrı ve bizim Tanrımız Birdir.***

(Surah Al-Ankabut 29:46)

Do not argue with the People of the Book unless gracefully, except with those of them who act wrongfully. And say, ***"We believe in what*** *has been revealed to us and what was revealed to you. Our God and your God is only One. And to Him we fully submit."*

Allah is telling the believers not to argue with the people of the Book and to respect their scriptures as **their God and our God is One.**

(Maide Suresi 5:68)

*De ki: Ey Peygamber, "Ey Kitap Ehli! **Tevrat'ı, İncil'i ve Rabbinden sana indirileni uygulamadıkça üzerinde duracağın bir şey yoktur."***

Ve Rabbinin sana vahyi, ey Peygamber, onlardan çoğunun sadece kötülüklerini ve küfürlerini arttıracaktır. O halde inkar eden kavim için üzülme.

Tevrat ve İncil neshedilmiş sayılamaz zira Allah bunu çok açık bir şekilde beyan ediyor **the Tevrat ve İncil'e uyulmalı.** Bu, Müslümanların Tevrat ve İncil'in kanunlarına uyması gerektiği anlamına gelmez; aksine bunu kabul etmeleri ve kabul etmeleri gerektiği anlamına gelir. **Önceki kutsal kitapların ilahi vahiylerin kaynağı olduğuna inanıyorum.**

(Surah Al-Ma'idah 5:68)

*Say, O Prophet, "O People of the Book! **You have nothing to stand on unless you observe the Torah, the Gospel, and what has been revealed to you from your Lord."** And your Lord's revelation to you O Prophet will only cause many of them to increase in wickedness and disbelief. So, do not grieve for the people who disbelieve.*

The Torah and Gospel cannot be considered abrogated as Allah is very clear that **the Torah and Gospel must be observed.** This does not mean that Muslims must follow the laws of the Torah and Gospel but rather acknowledge and **believe that the previous scriptures are a source of divine revelations.**

(Zuhruf Suresi 43:3-4)

*ŞÜPHESIZ BIZ ONU, BELKI anlayacaksınız diye Arapça bir Kur'an kıldık. **Ve şüphesiz o, Yanımızdaki Esas Kayıtlardadır** çok saygın, bilgelik bakımından zengin.*

Tevrat, İncil ve Kur'an Allah'ın bir kitabının farklı baskılarıdır. Yorumlar ve inançlar din içinde farklılık gösterebileceğinden, bu görüş tüm Hıristiyan ve Yahudi inananlar tarafından paylaşılmayabilir.

Ana Kayıt Kur'an'da bahsi geçen ***Bütün kutsal kitapların aslının korunduğu Allah katında.***

(Surah Az-Zukhruf 43:3-4)

*Certainly, We have made it a Quran in Arabic so perhaps you will understand. **And indeed, it is in the Master Record with Us** highly esteemed, rich in wisdom.*

The Torah, Gospels, and Quran are all different editions of Allah's One Book. This view might not be shared by all Christian and Jewish believers as interpretations and beliefs can vary within religion.

The ***Master Record*** mentioned in the Quran is ***with Allah where the origin of all scriptures is preserved.***